*17세기 국어*의
이름마디 구조

'오'의 소멸과

이름마디 체계의 형성

17세기 국어의 이름마디 구조

'-오-'의 소멸과

이름마디 체계의 형성

최대희 지음

한국학술정보(주)

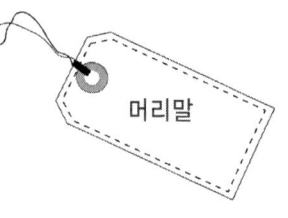

머리말

이 책은 글쓴이의 박사 학위 논문인 「17세기 국어의 이름마디 구조 연구」의 내용을 수정 보완하여 책으로 내게 되었다.

이 책은 17세기 국어의 이름마디의 형태·통어론적인 특질을 밝힘으로써 이름마디의 변화 과정을 규명하였다. 17세기 이름마디에 관심을 갖게 된 이유는 국어의 변화에서 17세기는 문법 범주가 현대국어와 비슷해진 시기이기 때문에, 이름마디 체계도 이 시기에 현대국어의 체계와 비슷해졌을 것이라고 판단하였고, 또한 이러한 이름마디 체계가 형성되는 과정에서 '-오-'의 소멸이 동시에 일어나고 있어, '-오-'의 소멸과 이름마디 체계의 형성은 밀접한 관련이 있을 것이라고 판단하였기 때문이다. 그래서 '-오-'의 소멸과 관련하여 17세기 이름마디 체계가 형성되는 과정을 파악하는 작업은 흥미로운 작업이 될 것이라고 생각하였다.

결과적으로 '-오-'의 소멸과 이름마디 체계의 형성은 관련이 있다고 판단되었다. 17세기 이름마디의 두드러진 특징은 '-옴'과 '-음', '-기'의 분포이다. 이는 '-오-'의 소멸 과정과 밀접한 관계가 있었다. '-오-'의 소멸로 인한 '-옴, -음' 이름마디 구성의 약화는 이름마디 구조에서 '-ㅁ 이름마디'의 위축, '-기 이름마디'의 활성화, '이름마디 구조의 다른 구조로의 대체' 등의 여러 변화를 가져오게 된다. 즉, '-오-'의 소멸은 이름마디 체계의 변화를 가져오게 되는데, 이러한 변화의 과정을 통해 이름마디 체계가 형성되어 온 것이다.

보잘것없는 책의 발간을 앞두고 감회가 새롭다. 이 글을 쓸 수 있었던 것은 여러 훌륭하신 스승님이 있었기 때문이다. 공부에 대한 열정이 없을 때 항상 충고와 격려로 올바른 학문의 길로 갈 수 있도록 가르쳐 주시고, 이 글의 시작부터, 완성까지 끊임없이 지도해 주신 전정예 선생님, 학부 시절, 국어학에 처음으로 관심을 갖게 해 주시고, 부족한 제자를 지금까지 공부할 수 있도록 늘 곁에서 도움을 주시는 허원욱 선생님, 대학원 시절 항상 사랑으로 이끌어 주신 조오현 선생님, 이 글을 위해 끊임없는 충고와 격려를 아끼지 않으셨던 허재영 선생님, 또한, 부족한 글의 심사를 맡아주셨던 황선엽 선생님, 김유범 선생님께 감사의 마음을 전한다.

그리고 특히 '한국학술정보(주)' 채종준 대표이사님께 감사의 인사를 드린다. 보잘것없는 글을 책으로 내놓게 된 것은 전적으로 '한국학술정보(주)'의 도움 덕이다.

마지막으로, 공부하는 미련한 남편을 만나서, 힘들지만, 묵묵히 참고 곁에서 힘이 되어주는 아내와 사랑스러운 두 공주님 다인, 다예에게 고마움을 전하고 싶다.

최대희

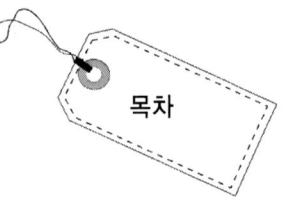

목차

제 **1** 장

들어가기

1. 논의의 목적

'이름마디'는 학교 문법에서 '명사절'이라고 하는데, '이름마디'는 겹월의 유형 중 안은(안긴) 겹월에 해당한다. 겹월이란 임자말과 풀이말의 관계가 두 번 이상 이루어지는 월을 뜻한다. 겹월에는 이은 겹월과 안은 겹월이 있는데, 이은 겹월이란 홑월의 마침법 활용을 이음법 활용으로 바꾸어, 그 뒤에 다른 홑월을 연결시킨 겹월을 뜻한다. 안은 겹월이란 홑월이 다른 월의 한 월성분으로 안기는 겹월을 뜻한다.

   (1) ㄱ. 철수는 밥을 먹고, 영희는 공원에 갔다.

          ㄴ. 철수는 공원에 감을 좋아한다.

(1ㄱ)는 '철수는 밥을 먹다'의 홑월의 마침법 활용을 '-고'라는 이

음법 활용으로 바꾸어 그 뒤에 다른 홑월인 '영희는 공원에 갔다'를 연결시킨 이는 겹월의 예이고, (1ㄴ)는 '철수는 공원에 가다'는 홑월이 이름법 활용인 '-(으)ㅁ'로 바꾸어 '철수는 -을 좋아한다'는 월의 부림말로 안겨있는 안은 겹월 중 이름마디의 예이다.

이 책은 17세기 국어의 이름마디의 형태·통어론적인 특질을 밝힘으로써 이름마디의 변화 과정을 규명하는 데 목적이 있다. 이름마디 연구에서 17세기에 주목하는 것은 국어의 변화에서 이 시기는 문법 범주가 현대국어와 비슷해졌고, 이름마디의 경우도 이 시기에 현대국어의 체계가 거의 완성된 것으로 보이기 때문이다.

이름마디란 홑월의 마침법 활용이 '이름법'으로 바뀌어 다른 월에 안기는 마디를 말하며, 이름씨처럼 여러 월성분으로 기능하는 특성을 갖는다. 현대국어의 예를 들어 이름마디 구조를 보면 다음과 같다.

(2) ㄱ. 나는 [밥을 <u>먹음이</u>] 싫다.   <-ㅁ 이름마디>
    ㄴ. 나는 [밥을 <u>먹기가</u>] 싫다.   <-기 이름마디>
    ㄷ. 나는 [밥을 <u>먹는 것이</u>] 싫다. <-ㄴ/ㄹ 것 이름마디>

(2ㄱ)은 '나는 밥을 먹다'라는 홑월의 마침법 활용이 이름법 '-음'으로 바뀌어 '나는~싫다'라는 월에 안기는 마디가 된다. 이때 안긴 이름마디는 안은 월의 임자말로 기능을 하고 있다. (2ㄴ)은 이름법 '-기'로 안긴 마디가 되어서 임자말로 기능을 하고 있고, (2ㄷ)은 '매김법 + 것'의 구조를 통해 이름마디를 형성하고, 임자말로 기능하고 있다. 이처럼, 현대국어의 이름마디는 '-ㅁ', '-기'로 이루어지는 형태론적

구성과 '-ㄴ/ㄹ 것'으로 표현되는 통어론적 구성이 있다. 현대국어의 이름마디 구조를 정리하면 다음과 같다.

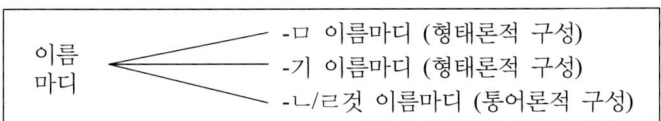

17세기의 이름마디에서도 현대국어와 같이 형태론적 구성과 통어론적 구성의 예를 찾을 수 있다. 다음과 같은 경우가 이에 해당한다.

(3) ㄱ. [염왕의 명을 피홈] 어렵거니와 (권념:4) <-ㅁ 이름마디>
    ㄴ. [이 물이 엇디 이리 잡기] 어려오뇨 (노걸상:41) <-기 이름마디>
    ㄷ. [공양ᄒ기를 넙이 ᄒᄂᆫ 거시] 그 유익디 아니홈을 뵑이 가히 알찌라 (경민중: 36) <-ㄴ 것 이름마디>

그런데 17세기 이름마디에서는 현대국어와 비교하여 '-기' 구성과 '-ㄴ 것' 구성이 '-ㅁ' 구성에 비해 출현 빈도수가 적었다.[1] 그럼에도 불구하고 이들 유형이 현대국어와 같은 체계로 쓰이고 있다는 점은 주목해야 한다. 이 책은 이러한 관점에서 17세기를 공시적으로 한정하여 이름마디의 유형과 형태·통어론적 특질을 규명하는 것을 목표로 하되, 궁극적으로는 이름마디의 발전 과정도 규명하게 될 것이다.

---

1) 이 글에서는 '-옴'과 '-음'을 갖는 이름마디를 통합하여 '-ㅁ 이름마디'로 설명하겠다.

2. 논의 대상 및 방법

2.1. 논의 대상

　이름마디는 최현배(1937)에서 "끝나기만 하면, 또는 따로 서기만 하면, 월이 될 만한 짜힘을 가진 말이, 완전히 끝나지 아니하고, 또는 따로 서지 아니하고, 다만 월의 한 조각이 됨에 그치는 것을 마디(節, 句, clause)"라고 규정한 뒤, "임자씨(體言)같이 쓰히는 마디를 이름이니, 그 풀이말인 풀이씨가 이름꼴로 됨이 그 보람이라. 이를 또 이름마디(名詞節)이라 하나니라"라고 설정한 이후로 많은 사람들의 연구 대상이 되어 왔다. 최현배(1937)의 정의에 나타난 것처럼, '마디'는 월이 될 만한 짜임을 가진 말이 월의 한 조각을 이루는 것을 의미한다. 이를 허웅(1975)에서는 월을 끝내는 성분이 풀이말임을 중시하여, 풀이말이 월을 끝내지 않고 한 성분을 이룰 때 마디라고 하였다. 이러한 정의를 참고할 때, '마디'는 다음과 같이 설정할 수 있다.

마디 : 풀이말이 월을 끝내지 아니하고, 월의 한 조각(성분)을 이루는 단위

　이와 같이 '마디'를 정의할 때, 이름마디란 홑월의 마침법 활용이 '이름법'으로 바뀌어 다른 월에 안기는 마디라고 할 수 있다. 이름마디는 마디의 월성분에 따라 다음과 같이 나눌 수 있다.

　첫째, 임자말로 기능하는 경우이다. 홑월의 마침법 활용이 이름법

'-ㅁ', '-기', '-ㄴ/ㄹ 것'으로 바뀌어, 안긴 이름마디는 안은 월의 임자말로 기능을 할 수 있다. 다음은 '나는 - 싫다'는 안은월에 안긴 이름마디가 임자말로 기능하고 있는 예이다.

(4) -음 : 나는 [축구를 <u>함이</u>] 싫다.
    -기 : 나는 [축구를 <u>하기가</u>] 싫다.
    -ㄴ/ㄹ 것 : 나는 [축구를 <u>하는 것이</u>] 싫다.

둘째, 부림말로 기능하는 경우이다. 홑월의 마침법 활용이 이름법 '-ㅁ', '-기', '-ㄴ/ㄹ 것'으로 바뀌어, 안긴 이름마디는 안은 월의 부림말로 기능을 할 수 있다. 다음은 '나는 - 좋아하다'는 안은월에 안긴 이름마디가 부림말로 기능하고 있는 예이다.

(5) -음 : 나는 [밥 <u>먹음을</u>] 좋아한다.
    -기 : 나는 [밥 <u>먹기를</u>] 좋아한다.
    -ㄴ/ㄹ 것 : 나는 [밥 <u>먹는 것을</u>] 좋아한다.

셋째, 위치말로 기능하는 경우이다. 홑월의 마침법 활용이 이름법 '-ㅁ', '-기', '-ㄴ/ㄹ 것'으로 바뀌어, 안긴 이름마디는 안은 월의 위치말로 기능을 할 수 있다. 다음은 '온도는 - 알맞다'는 안은 월에 안긴 이름마디가 위치말로 기능하고 있는 예이다. 그런데 '-는 것'으로 바뀐 이름마디는 비문법적인 월이 되는데, '-는 것'과 '-기'는 갈음되지 않기 때문이다.

(6) -음 : 지금 방안 온도는 [공부함에] 알맞다.

  -기 : 지금 방안 온도는 [공부하기에] 알맞다.

  -ㄴ/ㄹ 것 : * 지금 방안 온도는 [공부하는 것]에 알맞다

다음의 예에서 '-는 것'과 '-기'가 갈음되지 않음을 확인할 수 있다. '나는 - 놀라다'의 안은 월에 안긴 '-는 것 이름마디'는 문법적인 월이나, '-기 이름마디'는 비문법적인 월이 되고 있다.

(7) -ㄴ/ㄹ 것 : 나는 [그의 지위가 그렇게 <u>높은 것에</u>] 놀랐어.

  -기 : * 나는 [그의 지위가 그렇게 <u>높기에</u>] 놀랐어.

넷째, 방편말로 기능하는 경우이다. 홑월의 마침법 활용이 이름법 '-ㅁ', '-기', '-ㄴ/ㄹ 것'으로 바뀌어, 안긴 이름마디는 안은 월의 방편말로 기능을 할 수 있다. 다음은 '노인은 - 보내다'는 월에 안긴 이름마디가 방편말로 기능하고 있는 예이다.

(8) -음 : 저 노인은 [아기 <u>봄으로</u>] 날을 보내고 있다.

  -기 : 저 노인은 [아기 <u>보기로</u>] 날을 보내고 있다.

  -ㄴ/ㄹ 것 : 저 노인은 [아기 <u>보는 것으로</u>] 날을 보내고 있다.

다섯째, 견줌말로 기능하는 경우이다. 홑월의 마침법 활용이 이름법 '-ㅁ', '-기', '-ㄴ/ㄹ 것'으로 바뀌어, 안긴 이름마디는 안은 월의 견줌말로 기능을 할 수 있다. 다음은 '임자말 - 낫다'는 월에 안긴 이름마디가 견줌말로 기능하고 있는 예이다.

(9) -음 : [밥을 <u>먹음보다</u>] 죽을 먹는 것이 낫다.

　 -기 : [밥을 <u>먹기보다</u>] 죽을 먹는 것이 낫다.

　 -ㄴ/ㄹ 것 : [밥을 <u>먹는 것보다</u>] 죽을 먹는 것이 낫다.

　이러한 이름마디는 마디 안의 풀이말과 마디 밖의 풀이말을 취하고 있다. 이를 고려할 때 이름마디의 구조는 다음과 같이 나타낼 수 있다.

임자말1 [임자말2 + 풀이말2 -음/기(-ㄴ/ㄹ 것)]_{월성분} 풀이말1

　지금까지 이루어진 이름마디와 관련된 연구들의 논점은 대체로 이름마디를 구성하는 형태소 '-음/기'의 통어·의미론적 기능에 주목하였다. 심재기(1980), 홍종선(1983), 서은아(1997) 등에서는 '-음'과 '-기'의 분포나 생산성의 차이에 주목하여 두 형태소의 기능과 의미를 규명하고자 하는 시도를 하였으며, 그 과정에서 풀이말1의 의미자질에 따라 분포와 생산성의 차이가 있는 것으로 설명하였다. 예를 들어 다음과 같은 것들이 있다.

　(10) ㄱ. 나는 영수가 <u>우쭐댐을</u> <u>보았다.</u>

　　　　 *나는 영수가 <u>우쭐대기를</u> <u>보았다.</u>

　　 ㄴ. *아이들은 엄마가 <u>돌아오심을</u> <u>기다렸다.</u>

　　　　 아이들은 엄마가 <u>돌아오시기를</u> <u>기다렸다.</u>

(11) ㄱ. 철수는 영희가 공부함을 본다.

*철수는 영희가 공부하기를 본다.

ㄴ. *영희는 학교에 다님을 시작했다.

영희는 학교에 다니기를 시작했다.

(12) ㄱ. 철수는 영희가 결백함을 주장했다.

*철수는 영희가 결백하기를 주장했다.

ㄴ. *우리는 빨리 집으로 돌아옴을 잘했다.

우리는 빨리 집으로 돌아오기를 잘했다.

(10)은 심재기(1980)에서 '-ㅁ'은 [+결정성], '-기'는 [-결정성]이라고 한 예문이고, (11)은 홍종선(1983b)에서 '-ㅁ'은 [국시성, 순간성, 당시성, 현장성], '-기'는 [동작이나 상태에 대한 단순한 인식, 일반화]라고 한 예문이며, (12)는 서은아(1997)에서 '-ㅁ'은 [사실인식], '-기'는 [행동성]이라고 한 예문이다.

그런데 '+결정성'과 '-결정성'이나, '국시성, 순간성, 당시성, 현장성'과 '동작이나 상태에 대한 단순한 인식, 일반화', 그리고 '사실 인식'과 '행동성' 자질로 설명하기 어려운 것들도 있다. 예를 들어 서은아(1997)에서 '-ㅁ'과 '-기'를 모두 선택하는 예문을 통해, '-ㅁ'과 '-기'의 의미자질의 다름을 설명하고 있는데, 명확하게 의미자질을 설명하기가 어려운 점도 있다. 서은아(1997)에 제시된 예문을 살펴보자.

(13) ㄱ. 나는 혼자 돌아감이 싫다.

ㄴ. 나는 혼자 <u>돌아가기</u>가 싫다.

ㄷ. 나는 혼자 <u>돌아가는 것</u>이 싫다.

서은아(1997)에 따르면, 풀이말1의 '싫다'를 대상으로 처리한 (13
ㄱ, ㄴ) 문장에서 '싫다'는 사실 확인과 행동성을 모두 취하는 것으로
해석되는데, 엄밀히 말하면 이는 자신의 상태에 대한 인식이므로 사
실인지에 가까울 것으로 보인다. 더욱이 (13ㄱ)은 적격문인지도 판단
하기 어렵다. 모국어 화자의 직관을 고려할 때 이 문장은 거의 산출
되지 않을 것으로 보인다. 오히려 이 문장은 (13ㄷ)으로 쓰는 것이 자
연스럽다. (13ㄴ)은 굳이 (13ㄷ)으로 고쳐 쓰지 않아도 좋으나 (13ㄱ)
은 (13ㄷ)으로 사용된다.

이와 같은 관점에서 '-음'과 '-기'의 기능 및 분포에 대한 검토는 역
사성을 전제로 해야 할 것으로 보인다. 국어의 이름마디 발전 과정을
살펴보면 현대국어의 이름마디의 체계를 갖춘 시점이 17세기이다. 이
시기의 이름마디는 형태론적 구성에서 '-옴'('-음'의 앞선 형태로 추
정), '-음', '-기' 이름마디, 통어론적 구성에서 '-ㄴ 것 이름마디'가 나
타나며, 분포나 생산성에서도 현대국어와 큰 차이가 있다.[2] 이를 고려
하여 이 글에서는 다음과 같은 문제를 중점적인 대상으로 삼는다.

첫째, 17세기 이름마디의 형태·통어론적 특성을 규명함으로써, '-
옴', '-음', '-기' 및 '-ㄴ 것'의 기능을 규명하고자 한다.

둘째, 15~16세기에 활발히 쓰였던 '-옴'이 17세기에 이르러 '-음'으

---

[2] '-옴' 형태소는 '-오-+-ㅁ'으로 분석하여, '-오-'는 이름씨 특성이 강한 월에 선접하는 기능을 갖는다. 전
정예(1990)에서는 이 형태소를 '동명사형 어미(-ㄴ/ㄹ/ㅁ)'에 선행하는 형태소로 설명한 바 있다.

로 변화하면서 위축되는 요인을 찾는다.

셋째, 17세기에 이르러 '-기 이름마디'가 활성화된 이유를 규명하고자 한다.

넷째, 17세기에 이르러 '-ㄴ 것 이름마디'가 쓰이게 된 이유를 규명하고, 어떠한 방향으로 변하는지를 살펴볼 것이다.

이처럼 17세기 이름마디가 그 이전 시기와 달라진 중요한 요인은 '-오-'의 소멸과 밀접한 관련이 있을 것으로 추정된다. 전정례(1991)에서 제기한 바와 같이, '-오-'는 이름마디 구성과 밀접한 관련을 가진 형태소였다. 그런데 '-오-'가 소멸하면서 이름마디의 구성 방식이나 형태소 분포에도 변화가 생겨난 것으로 생각할 수 있다.

이 책에서 활용한 대상 문헌은 다음과 같다.

〈인용한 15, 16세기 문헌〉

문헌 이름	펴낸 연대	줄임
龍飛御天歌	1445	용가
釋譜詳節	1447	석보
月印千江之曲	1448	월곡
月印釋譜	1459	월석
楞嚴經諺解	1462	능엄
法華經諺解	1463	법화
金剛經諺解	1463	금강
圓覺經諺解	1465	원각
內訓	1475	내훈
金剛經三家解	1483	금강삼가
呂氏鄕約諺解	1518	여씨
二倫行實圖	1518	이륜
童蒙先習諺解	16세기	동몽
飜譯小學	1518	번소
飜譯朴通事	16세기 초	번박
飜譯老乞大	16세기 초	번노
分門瘟疫易解方	1542	온역

恩重經諺解	1563	은중
野雲自警	1577	야운
小學諺解	1587	소학
淸州順天金氏墓出土簡札	1565-1575	청주간찰
論語諺解	1587-1600	논어
孟子諺解	1587-1600	맹자
中庸諺解	1587-1600	중용
禪家龜鑑	1590경	선가
순천김씨간찰	16세기	순천김씨

〈인용한 17, 18세기 문헌〉

문헌 이름	펴낸 연대	줄임
諺解痘瘡集要	1608	두창
諺解胎産集要	1608	태산
練兵指南	1612	연병
東醫寶鑑	1613	동의
東國新續三綱行實圖	1617	동신
家禮諺解	1632	가례
新傳煮取焰焇方諺解	1635	염소
女訓諺解	17세기 초	여훈
火砲式諺解	1635	화포
癸丑日記	1600년대	계축
남평조씨부인丙子日記	1636-1640	병자
勸念要錄	1637	권념
新刊救荒撮要	1639	구황
山城日記	1639	산성
辟瘟新方	1653	벽온
語錄解初刊本	1657	어록초
警民編諺解(奎章閣本)	1658	경민중
語錄解重刊本	1669	어록중
老乞大諺解	1670	노걸
捷解新語初刊本	1676	첩해초
朴通事諺解	1677	박통
馬經抄集諺解	1682	마경
救荒補遺方	1686	보유방
譯語類解	1690	역어
新傳煮硝方諺解	1698	자초
蒙語老乞大	1741	몽노
淸語老乞大	1765	청노

2.2. 논의 방법

17세기 이름마디는 '-오-'의 기능 약화와 '-기'의 활성화, 새로운 구성의 이름마디 출현 등이 특징이다. 이와 같은 관점에서 17세기에는 현대국어의 이름마디에 준하는 체계가 이루어진 것으로 보인다. 이 점을 바탕으로 이 책에서는 다음과 같은 순서로 논의를 진행한다.

첫째, 17세기의 이름마디 체계에 대한 검증이다. 17세기의 이름마디는 '-기 이름마디'가 활성화됨으로써 '[풀이말2-ㅁ/기] 풀이말1'의 분포가 현대국어에 준하는 체계를 갖춘다. 이를 검증하기 위해 이 논문에서는 17세기 이름마디의 형태·통어·의미론적 제약관계를 살펴본다. 형태론적 제약 관계에서는 풀이말2의 때매김법과 높임법의 형태소와 결합되는 정도를 살펴 '-ㅁ'('-옴'과 '-음'의 이름법 씨끝)과 '-기'의 용법을 규명하고자 한다. 통어론적 차원에서는 풀이말2가 쓰일 수 있는 월성분을 분석함으로써 '-ㅁ', '-기'의 체계가 이 시기에 완결되었음을 규명하고자 한다. 이와 함께, 앞선 연구 가운데는 '-기 이름마디'가 활성화된 시기를 16세기, 또는 18세기로 규정하는 경향이 있었다.[3]. 그런데 17세기에는 이미 '-기 이름마디'의 분포가 넓어지고 있다. 이를 증명하기 위해 본 연구에서는 17세기 이름마디의 월성분을 자세히 분석하게 될 것이다. 의미론적 차원에서는 안은마디 풀이말(풀이말1)과 안긴마디 풀이말(풀이말2)간의 씨범주 제약관계를 파악하여 '-ㅁ'과 '-기'의 의미자질을 파악할 수 있는 근거를 마련하고자 한다.

둘째, 17세기 이름마디의 두드러진 특징은 '-옴'과 '-음'의 분포이

---

3) 서은아(1999), 양정호(2005)에서는 16세기로, 채완(1979)은 18세기로 보고 있다.

다. 이는 앞선 시기 활발했던 '-옴' 구성이 '-오'의 소멸로 '-음' 구성으로 위축되어 나타나는데, 이는 '-오-'의 위축과 밀접한 관계가 있다. 전정례(1991)에서는 '-오-'를 이른바 '명사구 내포문 표지'로 설정한 바 있는데, 이 점에서 '-옴'>'-음' 구성의 약화는 '-오-'의 소멸과 관련이 있다고 볼 수 있다.

셋째, 17세기의 '-ㄴ 것 이름마디'의 출현의 요인을 분석한다. 일반적으로 문법 변화에서 "어제의 통어론은 오늘의 형태론"이라는 명제가 통용된다. 그런데 '-ㄴ/ㄹ 것 이름마디'의 구조는 문법 변화의 역방향을 의미한다. 이처럼 역방향의 문법 변화가 일어난 요인은 '-오-'의 소멸과 '-기'의 활성화와 밀접한 관련이 있을 것이라는 추정 아래 논의를 진행한다.

3. 이름마디에 관한 앞선 논의

이름마디 연구는 전통문법이론에서 변형생성문법이론이 도입된 현재까지도 활발하게 논의되고 있다.

이름마디와 관련된 지금까지의 논의를 살펴보면, 크게 공시적 연구와 통시적 연구로 나눌 수 있다. 공시적 연구는 이름마디의 형태·통어론적 특질과 이름법 '-ㅁ'과 '-기'의 의미 특성을 밝히는 논의가 주를 이루었고, 통시적 연구는 이름법의 변화를 바탕으로 고대국어에서 현대국어에 이르기까지 이름마디의 변천과정을 파악하는 논의가 진행되었다.

3.1. 공시적 연구

공시적 연구는 이름마디의 형태·통어론적 특질과 이름법 '-ㅁ'과 '-기'의 의미 특성을 밝히는 연구가 주로 다루어졌다.

(1) 이름마디의 형태·통어론적 특질 분석

이름마디의 형태·통어론적 특질 분석에 관한 연구는 안은마디와 이름마디의 풀이말 제약, 이름법의 분포 제약, 문법적 제약 등에 걸쳐 다양하게 연구가 진행되었는데, 주로 현대국어를 대상으로 연구가 이루어졌다. 권재일(1982), 우형식(1987), 송창선(1990), 김인택(1992), 권재일(1995), 서은아(1997), 호정은(1999), 김일환(2005)는 현대국어를 대상으로 하였고, 허원욱(1991, 2004a, 2004b, 2009)에서는 15, 16, 17

세기 국어를 대상으로 연구하였다. 먼저 현대국어를 대상으로 이름마디의 형태·통어론적 특질을 분석한 연구는 다음과 같다.

권재일(1982)에서는 이름법의 풀이말 제약은 안은마디 풀이말의 의미자질에 의해, '-음, -기'가 허용되거나 제약되는 것으로 보았다. '감각적 인지 행위의 움직씨', '인식적 인지 행위의 움직씨' 등이 안은마디의 풀이말로 올 때 '-음'만 허용하는 것으로 보았고, '감정적인 평가 표현의 상태 움직씨', '행동의 움직씨'가 안은마디 풀이말이 될 때, '-음, -기'를 모두 허용한다고 하였다.

우형식(1987)에서는 '(-으)ㅁ'과 '-기'를 명사화소라는 문법 범주로 설정하고, 그 문법적 기능에 따라, 명사화 파생 접사, 명사화 보문소, 명사화 종결어미의 세 종류로 나누어 서로 간의 분포와 의미 기능의 다른 점을 기술하였다. 그리하여, 이 둘은 기능적으로 같은 범주에 속하면서 그 분포와 의미 기능은 서로 배타적이며 상보적인 면이 있음을 살피고 있다.

송창선(1990)에서는 '(-으)ㅁ, -기'와 시상형태소와의 결합 관계에 따라 '-(으)ㅁ1'과 '-(으)ㅁ2', '-기1'과 '-기2'로 구분할 필요성을 역설하였다. 또 시상형태소가 붙을 수 없는 순수한 의미에서의 명사화소를 '명제 명사화소', 시상형태소가 붙을 수 있는 명사화소를 '문장 명사화소'라고 잠정적으로 명명했다. 이와 같은 분류를 통해 명제 명사화소와 문장 명사화소가 쓰이는 환경을 분석해 본 결과 '-(으)ㅁ'에서는 '-(으)ㅁ1'보다 '-(으)ㅁ2'가 훨씬 우세한데, 이는 '-(으)ㅁ'의 의미를 '결정성, 사실성, 과거성' 등으로 보아 온 기존의 연구에서의 결론과 유관하다. 한편 '-기'에서는 '-기2'보다 '-기1'이 우세한데, 이는 '-기'의 의미를 '비결정성, 비사실성, 미래성' 등으로 보아온 것과 관계가 깊다고 하였다.

김인택(1992)에서는 여러 가지 통어 현상을 토대로 이름마디의 특질을 살폈다. 통어적 특질을 정리하면 다음과 같다. 첫째, 이름마디는 '임자-풀이'의 짜임이지만, 월과는 다르다. 그 다른 점은 진술성이 있고, 없음에 있다. 둘째, 이름마디는 통어적으로, 어떤 월이 다른 월의 성분 자리에 대입되는 언어형식이다. 셋째, 이름마디는 월에서 이름씨에 상당하는 기능을 하지만 이름씨와는 달리 매김말이 될 수 없으며, 매김말의 꾸밈을 받지 못하며, 지시화와 수량화할 수 없다. 넷째, 이름마디는 통어상에서 항상 하나의 단위로 기능한다.

권재일(1995)에서는 20세기 초기 국어의 명사화 구문과 관련한 문법 현상을 밝히고, 이를 바탕으로 20세기 끝 무렵인 지금의 국어와 견주어 그 동안의 문법 변화를 살폈다. 시제와의 결합양상, 이름마디의 기능, 명사화 어미에 따른 상위문의 서술어 제약 등을 파악하였다.

서은아(1997)에서는 현대국어 풀이씨의 이름법에 관한 말본 특성, 뜻바탕 그리고 대치 현상에 대해 살폈다. 말본 특성에서는 풀이말 제약, 임자말 제약, 높임법 제약, 때매김법 제약, 토씨와의 결합 제약, 꾸밈말 제약, 관용적 용법 등을 중심으로 살폈고, 풀이씨 이름법의 뜻바탕은 안은마디 풀이말과 '-음, -기'의 역사성에 의해서 결정된다고 보았다. 풀이씨의 이름법 대치 현상은 '-음>-기', '-기>-음'의 대치와 이름법 씨끝이 '매김법씨끝 +것'으로 대치되는 현상을 살폈다.

호정은(1999)에서는 개화기 국어('독립신문'을 분석대상으로 함) 명사화소의 쓰임에 대해 살폈다. '-ㅁ'이 많이 쓰였던 중세 및 근대 국어와 달리 독립신문에서는 '-기'의 사용 빈도가 '-ㅁ'보다 높았다. 특이한 것은 '-기'가 '-ㅁ'보다 많이 쓰이기는 했지만, 그 쓰임의 폭까지 넓은 것은 아니라는 것이다. 즉 '-기 전'이나 이유를 나타내는 '-기로, -기에'처럼 관용적인 표현에 쓰인 횟수가 많고, '-기' 명사형을 내포하는 상위문의 서술어도 '-ㅁ'보다 제한적이라고 설명하였다.

김일환(2005a)에서는 명사형 어미 '-기'가 보이는 분포적 특성을 어기, 선어말어미, 계사, 보조사 등과 가지는 결합 관계에 기초하여 살폈다. 이때 나타나는 명사형 어미의 분포적인 특이성은 '-기'와 '-ㅁ'이 가지는 의미적인 기능과 관련된 것이라 전제하였다.

다음으로, 중세와 근대 국어를 대상으로 이름마디의 형태·통어론적 특질을 분석한 연구이다.

허원욱(1991)에서는 15세기 국어의 이름마디를, 허원욱(2004a)에서는 16세기 국어의 이름마디 통어적 구조와 제약 관계를 전면적으로 살폈다. 이름마디의 전반적인 특성을 다음과 같이 정리하였다. 첫째, 이름마디의 풀이말이 나타낼 수 있는 문법 정보는 주·객체높임법과, 때매김법 중의 완결법의 '-아시(앗)-'뿐이다. 둘째, 속구조의 홑월이 이름마디로 바뀔 때, 임자자리토씨 '-이'가 매김토씨인 '-의'로 바뀌는 일이 있다. 셋째, 이름마디는 이름씨와 마찬가지로, 월 안에서 여러 가지 월성분으로 기능할 수 있다. 넷째, 이름마디는 홑월에서 변형된 이름마디와 겹월에서 변형된 이름마디가 있다.

허원욱(2004b, 2009)에서는 17세기의 이름마디에서 임자말로 기능할 때와 부림말로 기능할 때의 통어적 제약관계를 살폈다. 이름마디가 임자말로 기능할 때에는 안은마디의 풀이말이 '-ㅁ'과 '-기'를 선택하고, 부림말로 기능할 때에는 이름마디의 풀이말이 '-ㅁ'과 '-기'를 선택한다고 설명하고 있다.

'-ㅁ'과 '-기'의 선택 제약에 관한 연구는 아직 분명하게 밝혀진 것은 아니다. 좀 더 정밀한 분석을 통해 계량화하는 연구가 필요할 것으로 보인다.

(2) '-ㅁ, -기'의 의미 특성

이름마디의 통어론적 특질과 더불어 '-ㅁ, -기'의 의미론적 특성을 파악하고자 한 연구는 지속적으로 진행되어 왔다. 이들 연구는 대체로, '-ㅁ'과 '-기'의 의미자질은 안은마디의 풀이말(=풀이말1)의 의미자질에 따라 분포와 생산성의 차이가 있는 것으로 설명되었다. '-ㅁ'과 '-기'의 의미 특성에 대한 연구에는 임홍빈(1974), 심재기(1980), 홍종선(1983b), 최재희·윤평현(1983), 서은아(1997), 김일환(2005a) 등의 연구가 있다.

임홍빈(1974)에서는 '-(으)ㅁ' 명사화의 의미 특성을 밝히기 위해 '-(으)ㅁ' 명사화만을 허용하고, '-기' 명사화에 대해서는 강한 거부반응을 보이는 예들을 검토하였다. 그 결과 '-(으)ㅁ' 명사화가 [+존재], [+대상화]를, '-기' 명사화가 [-존재], [-대상화]의 의미 특성을 갖는다고 하였다.

심재기(1980)에서는 '-음'과 '-기'의 의미에 대해, 전자를 [+결정성], 후자를 [-결정성]이라고 하였다.

홍종선(1983b)에서는 '-음, -기'의 의미 특성을 역사성에 근거하여 제시하고 있다. 현재라는 기저의미에서 출발한 '-음'형은 국시성(局時性)·순간성·당시성·현장성의 의미 영역을 현대국어에서 갖게 되었다. '-음' 형은 발화 내용 당시 동작의 상태를 말하는데, 이때의 상태는 기존성에서 파악되므로 과거적인 성격을 가질 때가 많다. '-기'는 비시제적 성격의 역사성에 근거하여, 현재의 상황을 나타내기보다 통시적 관점에서 동작이나 상태 그 자체에 대한 단순한 명사화로 작용한다. 그것은 동작·상태에 대한 단순한 인식이며 일반화이다. 또한 '-음'이 기존의 성격을 포함한다면 '-기'는 미래적 요소로 상보의 분포를 갖는다고 하였다.

최재희·윤평현(1983)에서는 안은마디 풀이말의 뜻바탕에 따라 '-음, -기'의 뜻이 결정된다고 하였다. 이 경우는 '-음'이나 '-기'의 뜻을 대립적인 개념으로 규정하고 있다.

서은아(1997)에서는 '-음'은 '현재형'이라는 역사성으로 인하여 '-음'의 뜻바탕은 두 가지로 해석된다고 하였다. 첫째는 '현재형'이라는 시제의 개념이 '-음'의 '사실인식'에 투영되어 '어떠한 일이 현재에 일어난 것에 대한 사실인식'으로 해석된다. 둘째는 시제의 개념이 사라져 버리고 다만 '어떠한 일이 일어난 그 당시를 중심으로 해석되는 사실인식'의 뜻을 갖는다. '-기'는 역사적으로 '동작동사'와 결합되고 움직임을 수반하는 풀이말들과 결합하여 '행동성'의 뜻을 갖는다. 이 '행동성'은 외부로 그 움직임이 나타나는 [외적행동]과 그 움직임이 내부에서 일어나는 [내적행동]으로 나누어진다고 하였다.

김일환(2005a)에서는 '-기'와 '-ㅁ'의 의미자질을 [비존재]와 [존재]의 개념을 이용하여 설명하고 있다.

3.2. 통시적 연구

통시적 연구는 이름법의 변화를 바탕으로 고대국어에서 현대국어에 이르기까지 이름마디의 변천과정을 파악하는 연구가 주로 진행되었다.

(1) '-옴'과 '-음'의 변화에 대한 연구

이름마디의 변천을 '-오-'의 소멸과 관련하여 논의하고 있는 견해에는 전정례(1991), 손주일(1996), 홍종선(1997) 등이 있다.

전정례(1991, 1995)에서는 선어말어미 '-오-'를 명사구 내포문 표지의 기능으로 규정하고, '-오-'의 소멸과 국어 통사 구조의 변화에 대하여 살폈다. 명사구 내포문 표지의 기능을 하는 '-오-'의 소멸 이후 명사구 내포문을 구성하던 구문들이 접속문화 하는 통사 구조의 변화를 가져온다고 하였다. 명사화 구성의 '-오-'의 소멸은 '-옴'에 의한 명사화 구성의 약화를 가져왔다고 설명하고 있다.

손주일(1996)에서도 '-오-'의 기능을 명사구 내포문 표지로 인식하고 있고, 이름마디의 변천은 '-ㄴ, -ㄹ'형의 관형화 현상과 관련이 있다고 설명하고 있다. 동명사 '{-오/우-} ㄴ, ㄹ'형이 4단계의 추이를 보이면서 관형형 '-ㄴ, -ㄹ'형으로 정착해 나가는데, 이 과정을 {-오/우-}가 소멸하게 되는 최대의 원인으로 지적하고 있다. 결국 {-오/우-}의 소멸은 '옴' 명사화 구성을 약화시키고, '-기'의 출현과 '것'의 출현을 가능하게 한다는 것이다. 4단계 추이과정은 다음과 같다.

제1단계 : 체언-용언의 명사성(-ㄴ, -ㄹ, -ㅁ) → 서술기능으로의
         이행
제2단계 : '{-오/우-} ㄴ, -ㄹ, -ㅁ'의 동명사 표지

제3단계 : '{-오/우-} -ㄴ, -ㄹ'의 명사구 내포문 제약과 관형화

        cf. '-기'형 출현

제4단계 : {-오/우-}의 동명사 기능 소멸과 관형형 '-ㄴ, -ㄹ'

        cf. '-기'형 발달과 '*{-오/우-} ㅁ'형 정착, '-것'형 발달

홍종선(1997)에서는 근대국어어의 '-오-'를 설명하면서, 전정례 (1991)에서 보인 '-오-'의 소멸이 명사성이 약한 구문에서부터 시작하여 확대되었다는 통시적 변천 과정 예문을 원용하여 '-오-가 명사문에서 기능하고 있다는 점을 지적하고 있다.

이러한 연구들은 이름마디 변천의 원인을 밝히려고 하였다는 점에서 큰 의의가 있다. 특히, 변천의 원인을 '-오-'의 소멸과 연관시키고 있다는 점은 기존의 연구에서는 다루지 않은 연구 성과이기도 하다.

(2) '-기'의 발생과 변화에 관한 연구

'-기'의 발생과 변화에 관한 연구는 주로 '-기'의 분포와 생산성에 주목하여, '-기'의 출현 시기와 원인, 굴곡가지로서 기능하게 된 시기, '-기'의 활성화가 이루어진 시기에 대한 논의가 진행되었다. 이와 관련된 연구는 이현규(1975, 1984), 채완(1979), 이광호(1996)등이 있다.

이현규(1975, 1984)에서는 '-기'에 대한 변화를 통시적 관점에서 관찰하였다. '-기'는 15세기에 있어서 발생 초기적 현상으로 완전한 굴절 형태소의 자격을 갖지 못하고 있었고, 완전한 굴절 형태소인 '-디'

와는 대조적으로 명사화 파생 형태소의 성격을 더 많이 가지고 있는 문법 요소였으며, '-디'는 '-기'에 통합되고, 17세기에 굴절 형태소로 확립되었다고 하였다.

채완(1979)에서는 '-기'의 발달 과정에 있어, 18세기를 중세에서 현대로 넘어오는 하나의 전기로 보아 18세기 문헌자료를 중심으로 하여 아래위로 비교하는 방법을 취하였다. 그러나 18세기에는 '-기'의 활성화가 이미 끝나가는 시기라고 보아야 할 것이다. 채완(1979)에서는 '-기'가 17세기 문헌 중에서 '박통사언해'와 같은 구어체 문장에서는 상당히 자주 눈에 띈다고 하고, 그 밖의 자료들에서는 별로 쓰이지 않았다고 하였는데, 17세기 문헌을 보면 '-기'가 이미 활성화되어 사용되고 있다.

이광호(1996)에서는 근대국어 '-기'가 현대국어와 같은 용법을 가지게 되었다고 하고, 이것의 발달 원인을 명사문의 특성을 가지고 있었던 후기 중세국어가 동사문으로 바뀌게 됨에 따라, 동명사 어미 '-음'은 명사적 의미로 굳어지고 동사적 의미를 갖는 '-기'가 발달하게 되었다고 하였다.

(3) 이름법 체계의 변천

고대국어에서부터 현대국어에 이르기까지 이름법 체계가 변천되어 온 과정을 논의한 연구에는 홍종선(1983a), 최남희(1993), 서은아(2001), 양정호(2005) 등이 있다.

홍종선(1983a)에서는 국어의 명사화 어미를 고대국어에서부터 현대어에 이르기까지 살폈다. 내용은 다음과 같다. 첫째, 국어에서의 명사화 어미는 알타이어의 공통인 '-l·-m·-n'형과 '-i·-ki'형이 있고, '드'의 주격형인 '-ti'도 역시 고대국어부터 연원을 갖는다고 하였고, 둘째, 고대국어 이래로 '-음'형은 가장 강력하고 일반적인 명사화였으며, '-l'과 '-n'은 크게 세력을 가지지 못한 채 중·근대 국어를 거치며 소멸되었다고 하였다. 셋째, '-ki'와 '-ti'는 원래 명사화 환경에 구별이 없었으나, 점차 부정소 앞에는 '-디'를 전용하고, '-기'는 그 외의 긍정문에 사용되었다고 하였다. 넷째, '物'의 의미에서 출발하여 복합어 등 형태론적 단계를 거쳐 형식명사의 통사로 발달해 온 '것'은, 고대국어에서 약한 세력을 보이다가 중·근대를 지나며 사용이 다양하게 확대되었다고 밝히고 있다.

최남희(1993)에서는 이름법의 의미 특질과 앞으로의 전개 양상을 예상하기 위하여, 그 쓰이는 모습과 변천 과정을 고대국어로부터 17세기까지 통시적으로 고찰하였다. 그 결과 현대국어와 같이 '-기' 이름법이 더욱 생산적으로 쓰이기 시작한 것은 17세기부터라고 하였다. '-기' 이름법이 '-사실성', '-결정성', '-완료성', '-대상' 등의 의미 특질을 가졌기 때문에, 현대로 내려올수록 복잡 다양하고 불확실해지는 사회 현실을 반영하기 위한 언어 현상의 결과가 '-기' 이름법이 확산된 원인이라 추정하고 있다.

서은아(2001)에서는 '-ㅁ, -기'의 변화 양상을 살폈는데 정리하면 다음과 같다. 첫째, 처음부터 '-ㅁ'만 허용하고, 현대국어에서도 '-음'만 허용하는 경우로 '-음'의 고유한 영역을 그대로 이어온 경우, 둘째 출발은 '-ㅁ'에서 했지만, 각 시기마다 두 씨끝의 쓰임이 혼재되어 혼란기를 거치면서 결국은 '-음'만을 허용하는 안정기를 이룬 경우, 셋째는 둘째의 경우와 같지만, 결과적으로 '-기'를 선택하는 경우로 나타났다. 두 씨끝은 이러한 변화 과정을 통해 각각 담당하는 의미 영역이 나누어지게 된 결과를 가져왔다는 것이다.

양정호(2005)에서는 명사형어미 체계의 역사적 변화 과정에 대한 고찰을 하였다. 15세기 이후의 명사형어미 체계를 검토한 결과 15세기에 '-옴'과 '-디'로 구성되어 있던 명사형어미 체계는 16세기에 '-기'의 등장으로 새로운 체계로 조정되고, 17세기 이후 '-디'가 소멸되고, '-기'가 분포를 넓혀가는 과정을 지속적으로 거치면서 현대국어와 같은 상태에 이른 것으로 보았다.

3.3. 앞선 논의의 한계

지금까지 이름마디와 관련된 앞선 논의를 살펴보았다. 이름마디와 관련된 연구는 공시적 연구와 통시적 연구로 진행되었는데, 전자는 이름마디의 형태·통어론적 특질을 살피거나, 이름법 '-ㅁ'과 '-기'의 의미 특성을 밝히는 연구가 주를 이루었고, 후자는 이름법 '-ㅁ'과 '-기'의 변화과정에 관한 연구가 대부분을 차지하였다. 이러한 연구들은 이름마디 연구와 관련하여, 매우 중요한 의미를 가진다. 하지만, 다음과 같은 몇 가지 한계점도 지적할 수 있다.

먼저, 앞선 연구에서 이름마디와 관련된 논점은 대체로 이름마디를 구성하는 형태소 '-ㅁ'과 '-기'의 형태·통어론적 기능에 주목하는 것이었다. '-음'과 '-기'의 분포나 생산성의 차이에 주목하여 두 형태소의 기능과 의미를 규명하고자 하는 시도를 하였으며, 그 과정에서 풀이말1의 의미자질에 따라 분포와 생산성의 차이가 있는 것으로 설명하였다. 이러한 설명은 특정 시기를 설정하여, 그 의미자질을 설명하는 데에는 효과적이지만, 역사적인 변천 과정을 겪은 '-ㅁ'과 '-기'의 의미자질을 명확히 파악하는 데에는 한계가 있다. 특히 이들 연구 대부분이 현대국어를 대상으로 하고 있다는 점에서, 중세국어 시기나, 근대국어 시기의 '-ㅁ'과 '-기'의 의미자질을 보편화하기에는 무리가 있다. 중세나 근대는 현대와는 다른 형태·통어론적 특징을 지니고 있기 때문이다. 이처럼 현대국어를 대상으로 한 연구는 많이 진행되었으나, 중세나 근대 국어를 대상으로 진행된 연구는 많지 않다. 특히 근대 국어를 대상으로 진행된 연구는 매우 드물다. 그래서 이 책에서는 근대국어의 시작인 17세기 국어를 대상으로 '-ㅁ'과 '-기'의 분포 특성을 확인할 것이며, '-ㅁ', '-기'의 의미 특성을 안은마디 풀이말(풀이말1)과 안긴마디 풀이말(풀이말2)간의 씨범주 제약관계를 통해, 파악할 수 있는 근거를 마련하고자 한다.

다음으로, '-옴'의 소멸 과정에 대한 연구가 불충분하다. 대부분의 연구에서는 각 시기의 이름마디 체계를 설정하고, 형태·통어론적 특징을 파악하며, 이름법 '-ㅁ'과 '-기'의 의미 특성을 밝히는 공시적 연구가 주를 이루었다. 이에 비해, 이름마디 체계의 형성과 관련하여 변화의 원리를 파악하는 통시적 연구는 상대적으로 간과되었다. 그래서 본 연구에서는 이름마디 체계 형성과 관련된 변화의 원리를 파악하고, 그 변화의 중심에 있는 '-오-'의 소멸 과정에 대한 논의를 통해 체계가 어떻게 형성되었는지를 면밀히 검토할 것이다.

마지막으로, '-기'와 관련한 연구가 많이 진행되었으나, '-기'의 활성화 시기에 대한 논의는 여러 견해가 제시되었다. '-기'의 활성화 시기를 16세기로 보는 견해, 17세기로 보는 견해, 18세기로 보는 견해 등이 있었는데, 이렇게 다른 견해가 제시되고 있는 것은, '-기'에 대

한 분포 확인이 다소 불완전하기 때문일 것이다. 그래서 본 연구에서
는 '-기'의 분포를 철저히 분석하여, '-기'의 활성화 시기에 대한 정
확한 논의를 하게 될 것이다.

제2장

17세기 이름마디의 특징

17세기의 이름마디는 '-기 이름마디'가 활성화됨으로써 '[풀이말2-ㅁ/기] 풀이말1'의 분포가 현대국어에 준하는 체계를 갖춘다. 이를 검증하기 위해, 17세기 이름마디의 형태·통어·의미론적 제약관계를 살펴본다. 형태론적 제약 관계에서는 풀이말2의 때매김법과 높임법의 형태소와 결합되는 정도를 살펴, '-ㅁ'('-옴'과 '-음'의 이름법 씨끝)과 '-기'의 용법을 규명하고자 한다. 통어론적 차원에서는 풀이말2가 쓰일 수 있는 월성분을 분석함으로써 '-ㅁ', '-기'의 체계가 이 시기에 완결되었음을 규명하고자 한다. 이와 함께, 앞선 연구 가운데는 '-기 이름마디'가 활성화된 시기를 16세기 또는 18세기로 규정하는 경향이 있었다. 그런데 17세기에 이미 '-기 이름마디'의 분포가 넓어지고 있다. 이를 증명하기 위해 이 연구에서는 이름마디의 월성분을 분석하고자 한다. 의미론적 차원에서는 안은마디 풀이말(풀이말1)과 안긴마디의 풀이말(풀이말2) 간의 씨범주 제약관계를 파악하여 '-ㅁ'

과 '-기'의 의미자질을 파악할 수 있는 근거를 마련하고자 한다.

1. 이름마디의 문법 범주 제약 관계

이름마디의 문법 범주 제약 관계에서는 풀이말2의 때매김법과 높임법의 형태소와 결합되는 정도를 살펴 '-ㅁ'('-옴'과 '-음'의 이름법씨끝)과 '-기'의 용법을 규명하고자 한다.

1.1. '-ㅁ 이름마디'의 때매김법, 높임법 제약

(1) 때매김법

'-ㅁ 이름마디' 풀이말에 나타나는 때매김법은 '현실법'과 '완결법'의 '-아시(앗)-'만 보인다.[4]

<현실법>

(14) 父母ㅣ <u>奴ㅎ시미</u> 겨시거든 (경민중:34)

우리 벗지어 <u>가미</u> 마치 됴토다 (노걸상:7)

---

4) 때매김법의 제약은 주로 '-ㅁ'과 '-기'의 의미 특성과 관련하여 설명하고 있다. 서은아(1997)에서는 '-음'은 현재라는 역사성과 '사실인식'이라는 뜻바탕에 의해서 '현실법'과 '완결법'을 허용하고, '-기'는 '행동성'의 뜻바탕에 의해서 '현실법'만 허용한다고 하였다.

<완결법>

(15) 이 유무에 <u>써시미</u> 아므란 자셔흔 줄이 업다 (노걸하:3)

(2) 높임법

'-ㅁ 이름마디' 풀이말에 나타날 수 있는 높임법은 '주체높임법'과 '객체높임법'인데, 17세기 '-ㅁ 이름마디'에서 객체높임법으로 쓰이는 예는 보이지 않고, 주체높임 안맺음씨끝에 결합하여 주체를 더욱 높이는 표현으로 사용되는 예는 보인다.[5]

<주체높임법>

'-ㅁ 이름마디'에서 주체높임법은 15·16세기와 같이 '-(으)시-'에 의해 나타난다.

(16) 무음 <u>브티시믈</u> 미더슴니 (첩해초1:4)
　　　[브티-시-ㅁ-을]
　　　진실로 오늘은 처음으로 <u>극진호시믈</u> 미더 (첩해초1:5)
　　　[극진호-시-ㅁ-을]

_____

5) 허웅(1983)에 의하면, 객체높임의 '-숩-'은 그 형태가 복잡하게 변동하여, 한 가지 범주를 나타내기에 적당하지 않았던 데다가, 그 쓰임도 상당히 넓어 '객체'란 개념을 정의하기가 어려울 형편이어서, '-숩-'들은, 17세기 궁중말을 반영하고 있는 것으로 보이는 '인조대왕 행장'에서는 객체높임을 나타내는 일이 있기는 하나, '-으시-'와 더불어, 또는 '-숩-' 단독으로 주체높임을 나타내기도 하고, 또는 들을이 높임에도 더러 쓰였다고 하였다. 즉, 객체의 개념이 모호해지면서 '-숩-'은 본래의 기능을 잃고, 그 흔적을 다른 높임법으로 넘겨주게 되었다는 것이다.

미묘한 법 니르샤믈 보니 (권념:14)

[니르-시-오-ㅁ-올]

ᄒ믈며 성인 ᄀ르치샤믜 분명ᄒ니 (권념:22)

[ᄀ르-치-시-오-ㅁ-의]

<객체높임법>

'-ㅁ 이름마디'에서는 객체높임법의 쓰임이 보이지 않는다. 객체
높임 안맺음씨끝 '-ᄉᆞᆸ-'의 기능이 약화되면서 주체높임 안맺음씨끝
에 결합하여 주체를 더욱 높이는 표현으로 사용되는 예는 나타나고
있다.

(17) 이제 座船을 ᄐᆞ시고 오ᄋᆞᆸ심을 밋ᄌᆞᆷᄂᆡᇰ이다 (첩해초6:15)

[오-ᄋᆞᆸ-시-ㅁ]

1.2. '-기 이름마디'의 때매김법, 높임법 제약

(1) 때매김법

'-기 이름마디' 풀이말에 나타날 수 있는 때매김법은 '현실법', '완
결법'의 '-아시(앗)-'이다.

<현실법>

(18) 저즌 싸해 <u>믜기를</u> 금긔ᄒᆞ라 (마경하:95)

저컨댄 俗을 <u>좃기를</u> 免티 몯홀가 ᄒᆞ노라 (가례1:35)

<완결법>

(19) 容모를 正히 ᄒᆞ고 南向ᄒᆞ야 <u>셧기를</u> 良久히 ᄒᆞ라 (가례3:10)

(2) 높임법

'-기 이름마디' 풀이말에 나타날 수 있는 높임법은 '주체높임법'과 '객체높임법'이다.

<주체높임법>

'-기 이름마디'에서 주체높임법은 15 · 16세기와 같이 '-(으)시-'에 의해 나타난다.

(20) 늬일 <u>힘쓰시기ᄂᆞᆫ</u> 오로 미덧습ᄂᆡ (첩해초4:30)

[힘쓰-시-기-ᄂᆞᆫ]

쏘 <u>니르시기ᄂᆞᆫ</u> 맛당히 수이 봄이 本意ㅣ언마ᄂᆞᆫ (첩해초5:7)

[니르-시-기-ᄂᆞᆫ]

비록 <u>오르시기</u> 슈고롭ᄉᆞ올디라도 (첩해초6:19)

[오르-시-기]

참마다 빈예 <u>ᄂᆞ리시기</u> 어렵기ᄂᆞᆫ 죠고마ᄒᆞ고 (첩해초6:21)

[느리-시-기]

하늘이 아래를 <u>구버보시기</u>룰 フ장 붉게 ᄒ시고 (경민중:17)

[구버-보-시-기-룰]

내여 <u>보내오시기</u>룰 춤아 못 ᄒ오샤 (계축상:33)

[보내-오-시-기-룰]

군신들이 <u>드르시기</u>룰 쳥ᄒ되 (산성:27)

[들-ᄋ시-기-룰]

졀 <u>ᄒ시기</u> 동싱님 フ투시던 거시니 (병자:164)

[ᄒ-시-기]

목슈찬 유무 보니 녕감 <u>나오시기</u> 우흐로셔 나도 만코 (병
자:192)

[나오-시-기]

위의 예문에서 확인할 수 있듯이, 주체높임법은 주체높임 선어말
어미 '-시-'에 의해 나타나고 있다.

<객체높임법>

객체높임법은 17세기에 거의 소멸되어서 소수의 예만 보인다. (21
ㄱ)은 '-ᅀᆞᆸ-'에 의해 나타난 객체 높임의 예이다. 또한, 17세기에는 객
체높임 안맺음씨끝 '-ᄉᆞᆸ-'의 기능이 약화되면서 객체높임을 나타내
기 위해 홀로 쓰이는 경우가 드물었고, 오히려 주체높임 안맺음씨끝
에 결합하여 주체를 더욱 높이는 표현으로 사용되기도 하였는데, (21
ㄴ)이 그 예이다.

(21) ㄱ. 婦ㅣ 일 니러 盛服ㅎ고 <u>뵈ᅀᆞ기를</u> 기ᄃᆞ리거든 (가례4:21)

　　　[뵈-ᅀᆞ-기-를]

　　　모ᄃᆞᆫ 妣神主 <u>뵈ᅀᆞ기를</u> 쏘 ᄀᆞ티 ᄒᆞ고 (가례10:14)

　　　[뫼-ᅀᆞ-기-를]

　　ㄴ. 텹 박아 둔데 박으니 우흔 <u>죽ᄉᆞ오시기를</u> 날노 기ᄃᆞ리오시

　　　거니와 (계축하:38)　[죽-ᄉᆞ오-시-기-를]

　지금까지 17세기 '-ㅁ 이름마디'와 '-기 이름마디'의 문법범주 제약을 확인하였다. 확인한 결과, 두 유형의 이름마디는 문법 범주의 제약 정도가 유사하였는데, 둘 다 때매김법과 높임법의 안맺음씨끝을 앞세우고 있었다. 이것은 분명히 '-ㅁ', '-기'가 굴곡의 가지임을 증명하는 것이고, 이름법 씨끝으로서의 역할을 수행하고 있음을 보여 주는 것이다. 즉, 17세기에 이르러 현대국어에 준하는 이름법 체계가 확립되었음을 보여주는 것이다.

2. 이름마디의 기능

17세기 이름마디의 특징은 '-오-'의 소멸로 인한 '-ㅁ 이름마디'의 위축과 '-기 이름마디'의 확대, 그리고 '-ㄴ 것 이름마디'의 등장이라고 할 수 있을 것이다. '-디 이름마디'는 소수의 예만 남고, '-기 이름마디에 합류되는 경향을 보인다.6) 여기에서는 이름마디의 월성분을 분석함으로써 '-ㅁ', '-기'의 체계가 이 시기에 완결되었음을 규명하고자 한다. 또한 '-기 이름마디'가 활성화되어 '-기'에 의한 이름마디의 분포가 확장되었는데, 이를 증명하기 위해 이름마디의 월성분을 분석하여 '-기 이름마디'가 활성화된 시기가 17세기임을 밝히고자 한다.

2.1. '-ㅁ 이름마디'의 기능

'-ㅁ 이름마디'는 임자말, 부림말, 위치말, 견줌말, 방편말로 기능하고, '-이(라)' 앞의 이름씨로도 기능한다.

---

6) 16세기 문헌인 '번역박통사(16세기초), 번역노걸대(16세기초)'와 17세기 문헌인 '박통사언해(1677), 노걸대 언해(1670)' 비교를 통해 확인해 보면 '-디'는 '-기'로 교체되고 있다.
- 이 ᄆ리 엇디 이리 <u>잡디</u> 어려우뇨 (번노상:45)
  이 ᄆ리 엇디 이리 <u>잡기</u> 어려오뇨 (노걸상:41)
- 집들홀 안직 구틔여 다 니ᄅ디 마져 붇 그테 다 <u>스디</u> 어려우니 (번박상:69)
  殿舍ᄂᆞᆫ 안직 다 니ᄅ디 아니ᄒ거니와 筆舌로도 다 <u>ᄒ기</u> 어려오니라 (박통상:61)
- 어름 다믄 그릇 안해 둠가 두면 ᄀ장 <u>보디</u> 됴ᄒ니라 (번박상:5)
  氷盤에 줌가 두면 ᄀ장 <u>보기</u> 됴ᄒ니라 (박통상:6)
  반대로 '-기'가 '-디'로 교체되는 예가 하나 보이는데, 이때의 '-디'는 이음법으로 볼 수도 있다.
- 쉬이 저를 고틸 거시니 구틔여 골 <u>브티기</u> 말라 (번박상:13)
  뎌ᄂᆞᆫ 고티기 쉬오니 모롬이 膏藥을 <u>브티디</u> 말라(박통상:13)

(1) 임자말로 기능

임자말로 기능하는 경우는, 홑월의 마침법 활용이 이름법 '-ㅁ'으로
바뀌어 안은 월에 안기는 마디가 된다. 이때 안긴 이름마디는 안은 월
의 임자말로 기능을 한다. 이름마디가 임자말로 기능할 때에는 자리토
씨 '-이'가 주로 결합하고, 또는 도움토씨 '-은'이 결합하기도 한다.

<-이>

(22)

- 곳지 날마다 퓌여 비싀여 <u>크미</u> 수릿박 ᄀᆞᆮᄒᆞ매 니르고 (권
  념:24)
- 귀와 눈에 니기디 <u>아니미</u> 업게 ᄒᆞ여 (경민중:서2)
- 父母로 더브러 <u>다르미</u> 업스니라 (경민중:1)
- 이 도리 <u>ᄇᆞᆰ그미</u> 심ᄒᆞᆫ디라 (경민중:34)
- 文王의 <u>어디르시미</u> 겨시고 (여훈하:27)
- 俗을 範ᄒᆞ매 내 敢히 그 <u>補ᄒᆞ미</u> 이시믈 아디 몯ᄒᆞ예라 (여
  훈상:29)
- 에엿비 녀기모로ᄡᅥ <u>치미</u> 可ᄒᆞ니라 (여훈하:13)
- 恩義의 <u>隆ᄒᆞ미</u> 엇더ᄒᆞ뇨(여훈상:27)
- 陰敎를 업시 <u>녀기미</u> 엇디 婦人의 儀리오 (여훈상:20)
- 父母로 더브러 <u>다르미</u> 업스니라 (경민중:1)
- 天下의 <u>ᄑᆞ호미</u> 다 閨門에 터 ᄒᆞ연는 故로 (여훈상:16)
- 반ᄃᆞ기 디옥애 <u>들로미</u> 이시나 (권념:5)

- 홈씌 도적질호미 됴티 아니하랴 (박통하:26)
- 小學 글이 傳호미 업거늘 (여훈상:26)
- 네 敎호미 반ᄃ시 方이 이셔 (여훈상:26)
- ᄌ연히 꾕공한 덛덛홈 업스며 (권념:4)
- 그 ᄠ디 멀고 微험호미 이셔 (여훈상:19)
- 妾이 엇디 ᄉ랑ᄒᄂ 바를 아디 몯호미 이시리오 (여훈상:14)
- 供養이 궐냑호미 만ᄒ며 (경민중:22)
- 그 겨지비 누이쳐 ᄡ쳐 졍진호미 오라더니 (권념:23)
- 나라히셔도 포장ᄒ야 賞홈이 잇ᄂ니라 (경민중:1)
- 덕을 감득호미 혜아람 업다 ᄒ데다 (권념:23)
- 도로 나게 호미 어루 맛당ᄒ니이다 (권념:9)
- 됴흔 후에 졍계을 닷가 디뇨미 ᄯ오 올치 아니ᄒ야 (권념:19)
- 몬져 인도호미 잇디 아니ᄒ고 (경민중:서2)
- 父母를 잘 셤겨 효도ᄒ고 슌ᄒ야 어긔옴이 업스면 (경민중:1)
- 비록 죄 범호미 신 근ᄒ야 (권념:5)
- 사름과 더브러 싸홈이 ᄒ올로오미 잇고 (경민중:22)
- 사름의 盜賊 되오미 다 주리고 칩기로셔 나ᄂ니 (경민중:16)
- 손을 석거 싸화 샹홈이 잇기예 니르게 말라 (경민중:29)
- 아릭 염왕이 서르 의논호미 오란디라 (권념:2)
- 어딕 그 빅셩으로 ᄒ여곰 어딘 딕로 올마 죄예 멀게 호미

이시리오 (경민중:서2)

- 염왕의 명을 <u>피홈</u> 어렵거니와 (권념:4)
- 왕이 글오디 경을 외와 두로 <u>례호미</u> 진실로 됴흔 일이나
  (권념:21)
- 지아비룰 슌죵ᄒ야 비록 맛ᄀᆺ디 <u>못호미</u> 이실씨라도 (경민
  중:3)
- 兄弟의 <u>스랑호오미</u> 긔운이 흔가지오 (경민중:28)
- ᄉ나히와 간나히 <u>굴히요미</u> 이시며 子弟 <u>혹문홈이</u> 이시며
  (경민중:19)
- ᄌ연히 굉공흔 <u>덛덛홈</u> 업스며 (권념:14)

<-은>

(23)
- 身의 <u>立ᄒᆞᆫ</u> 節儉을 本ᄒᄂ니라 (여훈상:29)
- 담은 君親을 어디다 <u>일ᄏ롬은</u> 臣子의 지극흔 情이라 (여훈
  상:9)
- 行홈을 반ᄃᆞ시 端으로뻐 <u>ᄒᆞᆫ</u> 뻐 그 行실을 닷그미라 (여
  훈상:36)
- 겨집의 貞靜ᄒ며 <u>幽閑호ᄆᆞᆫ</u> 다 閨訓을 말미암ᄂ니 (여훈
  상:28)
- 그 글 짓기 ᄌ셰호미 敎化에 <u>關繫호ᄆᆞᆫ</u> 우리 皇考의 어딘
  謨訓이 ᄀᆺᄌ시고 (여훈상:8)
- 그 형벌과 法을 <u>밍그롬은</u> 다 녯 님금의 빅셩 ᄉ랑ᄒ시ᄂ

어딘 무음으로셔 낫ᄂᆞ니 (경민중:서1)

(2) 부림말로 기능

부림말로 기능하는 경우는, 홑월의 마침법 활용이 이름법 '-ㅁ'으로 바뀌어 안은 월에 안기는 마디가 된다. 이때 안긴 이름마디는 안은 월의 부림말 기능을 한다. 이름마디가 부림말로 기능할 때에는 토씨 '-을/을'과 주로 결합한다. 안은마디의 풀이말은 남움직씨가 된다.

<-을/을>

(24)
- 녜 잇던 허믈을 각각 스스로 <u>고티믈</u> 許ᄒᆞ노니 (경민중:30)
- 부텨 념ᄒᆞᄂᆞᆫ 사룸이 악도 듕애 <u>ᄠᅥ러디믈</u> 보디 몯게라 (권념:6)
- 엇디 법졔의 <u>즈셔ᄒᆞ믈</u> 알리오 (경민중:서2)
- 父母 은덕기 하ᄂᆞᆯ로 더브러 크기 <u>ᄀᆞᆺ트믈</u> 닐ᄋᆞ미니 (경민중:22)
- 어디 漢語 <u>니름을</u> 잘ᄒᆞᄂᆞ뇨 (노걸상:2)
- 엇디 뎌의 <u>보채믈</u> 바드리오 (박통하:60)
- 小學에 <u>들으믈</u> ᄀᆞᄅ쳐 (여훈하:28)
- 聖母ㅣ <u>법ᄒᆞ시믈</u> 한 몸으로써 법이 되샤 (여훈상:9)
- 무음 <u>브티시믈</u> 미더습니 (쳡해초1:4)

- 진실로 오늘은 처음으로 극진ᄒ시믈 미더 (첩해초1:5)

- 긔운이 심흉에 막키믈 인연홈이라 (마경상:54)

- 夫ㅣ 妾에 或 妻ㅣ 오래 ᄌ시기 업스믈 因ᄒ야 (여훈하:13)

- 飮食 그르슬 ᄒ가지로 아니 ᄒᄆᆯ ᄀᄅ치며 (여훈하:28)

- 불근 듸ᄂᆞᆫ 可히 써 家道의 隆셩ᄒᄆᆯ 닐위며 (여훈상:46)

- 겨집 스승의 ᄀᄅ치믈 말믜암ᄂᆞ니 (여훈상:34)

- 겨집의 德 일미 스승의 ᄀᄅ치믈 말믜암ᄂᆞ니라 (여훈상:34)

- 敬ᄒᆫ 아름다온 일에 어긔롯디 아니믈 求ᄒ며 (여훈상:19)

- 모든 어미 어디니 업ᄉᆞᆫ 쟈는 가히 스스로 힘뼈 아들 ᄀᄅ치믈 홀디니 (여훈하:27)

- 몸으로써 ᄀᄅ침을 ᄒ심과 다뭇 訓을 지어 써 ᄀᄅ치신 ᄠᅳ든 (여훈상:8)

- 奉承홀 사름이 업스믈 因ᄒ야 (여훈하:13)

- 父母의 命을 바다는 敢히 어긔믈 두디 말디니 (여훈상:40)

- 夫의 아름다온 德이 賢婦의 도으믈 말믜암고 (여훈상:41)

- 婦人이 女師의 ᄀᄅ치믈 닙디 아니 ᄒ면 (여훈하:9)

- 夫主의 ᄀᄅ치믈 드러야 (여훈상:34)

- 夫主의 ᄠᅳ들 밧디 아니믈 말믜아믄이라 (여훈하:13)

- 사름이 덧덧이 그 簡略ᄒᄆᆯ 病되이 녀기고 (여훈상:26)

- 士庶人의 妻ㅣ 軻子의 어디르믈 어드리라 (여훈상:10)

- 人子의 親을 愛ᄒᄂᆞᆫ ᄠᅳ디 이 ᄀᄐᆞᄆᆯ 表ᄒ노니 (여훈상:11)

- 慈宮ᄭᅴ ᄀᄅ치시믈 뫼ᄋᆞ와 (여훈하:47)

- 皇考ㅣ 다스림을 一國에 닐외샤 (여훈상:9)
- 孝宗皇帝 나를 爲ᄒ여 王妃를 글히야 셰요시믈 니버 (여훈상:18)
- 오직 아릭 신을 가져셔 이애 다시 친호믈 맛날와 ᄒ고 (권념:12)
- 비록 順承ᄒᄂ 례로 ᄒ나 안흐로 원망ᄒ며 恨호믈 품어시면 (여훈하:15)
- 목경이 손바닥 마초고 나사 오로믈 보니 (권념:20)
- 보빗 관영락으로 그 모믈 장엄호믈 보고 (권념:25)
- 그 곡셕 踐호믈 미더 (경민중:12)
- 前代예 덧덧이 旌表호믈 더ᄒ야 (경민중:25)
- 그딕는 샹례 공양호믈 부모 ᄀ티 ᄒ샤 (권념:10)
- 뎌의 규졔호믈 어드라 (노걸하:5)
- ᄒ디위 쉬요믈 잇긋 ᄒ야든 기ᄃ려 (노걸상:28)
- 우리 답답호믈 當티 못ᄒ니 (박통중:31)
- 國王의 佛法 敬호믈 보고 (박통하:18)
- 居호믈 반ᄃ시 正으로써 ᄒ며 (여훈상:36)
- 舅姑의 ᄉ랑ᄒ며 공경ᄒ욤도 엇디 몯홀 거시온 (여훈하:5)
- 夫를 공경호믈 아디 아니티 몯홀 거시니 (여훈상:28)
- 似續의 賢이 만호믈 求코져 ᄒ미 (여훈상:17)
- 主君이 能히 綱紀 되디 믇홈을 말믜아믄 故로 (여훈상:21)
- 계집은 더옥 順호믈 닐위예야 (경민중:3)
- 미묘혼 법 니르샤믈 보니 (권념:14)
- 병 됴호믈 어드나 ᄆ츳매 ᄀ라 멸호매 도라가리라 (권

념:19)

- 원이 쏜 아미타불 모미 허공애 <u>ᄀ득호믈</u> 보며 (권념14)
- 前代예 덧덧이 <u>旌表호믈</u> 더흐야 (경민중:25)
- 즁의 렴불 <u>권호믈</u> 맛나 ᄒ 번 ᄀᄅ치믈 듣고 (권념:27)
- 暴惡ᄒ 사ᄅᆷ이 或 지믈 <u>貪호믈</u> 因ᄒ며 (경민중:17)
- ᄒ ᄢᅢ예 <u>노호오믈</u> 춤디 못ᄒ야 (경민중:9)

(3) 위치말로 기능

위치말로 기능하는 경우는, 홑월의 마침법 활용이 이름법 '-ㅁ'으로 바뀌어 안은 월에 안기는 마디가 된다. 이때 안긴 이름마디는 안은 월의 위치말로 기능을 한다. 이름마디가 위치말로 기능할 때에는 토씨 '-애'와 주로 결합하고 있다.

(25)

- 말 <u>ᄆᄎ매</u> 송씨 즉제 도라 니거늘 (권념:3)
- 俗을 <u>範호매</u> 내 敢히 그 補호미 이시믈 아디 몯ᄒ예라 (여훈상:29)
- 婦人ㅣ ᄌ식 <u>빈여시매</u> ᄒ갇 그 몸을 졍히 홀 ᄯᅡᆫ이 아니라 (여훈하:23)
- 말 <u>ᄆᄎ매</u> 낟디 아니ᄒ니라 (권념:16)
- 父母ㅅ끠 <u>뵈오매</u> 반ᄃ시 그 공敬을 닐위고 (여훈상:33)
- 사ᄅᆷ의 女ㅣ <u>되오매</u> 맛당히 孝道ᄅᆯ 行홀디라 (여훈하:3)
- 고치 날마다 이우어 주거 <u>멸호매</u> 니르ᄂ니다 (권념:25)

- 겨집 사름 ᄀᆞᄅ치기 德은 <u>安靜ᄒᆞ매</u> 이시며 (여훈상:34)
- 婦ㅣ 夫를 <u>셤교매</u> 可히 訓이 업슬 것가 (여훈상:25)
- 人臣ㅣ 님금을 <u>셤교매</u> 忠經을 두어 ᄡᅥ 訓을 삼으니 (여훈상:25)
- 병 됴호믈 어드나 ᄆᆞᄎ매 ᄀᆞ라 <u>멸ᄒᆞ매</u> 도라가리라 (권념:19)

(4) 견줌말로 기능

견줌말로 기능하는 경우는, 홑월의 마침법 활용이 이름법 '-ㅁ'으로 바뀌어 안은 월에 안기는 마디가 된다. 이때 안긴 이름마디는 안은 월의 견줌말로 기능을 한다. 이름마디가 견줌말로 기능할 때에는 대체로 토씨가 결합하지 않으나, 때로는 '-도곤'이 결합하는 경우도 있다. 또한, 안은마디의 풀이말이 '곹다, 다ᄅᆞ다' 등일 경우에 견줌말이 올 수 있다.

(26)
- 함졍으로 즘싱을 <u>잡음</u> ᄀᆞᆮ트니 (경민중:서2)
- ᄆᆞ음이 묽근 들의 ᄀᆞ린 것 <u>업ᄉᆞ미</u> ᄀᆞᆮ튼뎌라 (여훈하:23)
- 엇디 처음의 믄득 <u>참음만</u> ᄀᆞᆮ트리오 (경민중:30)
- 琴瑟을 <u>鼓홈</u> ᄀᆞ틔야 (여훈상:46)
- 치운ᄃᆡ 반ᄃᆞ시 布帛으로ᄡᅥ <u>홈</u> ᄀᆞ티 ᄒᆞ야 (여훈상:20)
- 良藥으로 病 <u>다ᄉᆞ림도곤</u> 나으리라 (박통중:18)

(5) 방편말로 기능

방편말로 기능하는 경우는, 홑월의 마침법 활용이 이름법 '-ㅁ'으로 바뀌어 안은 월에 안기는 마디가 된다. 이때 안긴 이름마디는 안은 월의 방편말 기능을 한다. 이름마디가 방편말로 기능할 때에는 토씨 '-ᄋ로'와 결합한다. 16세기부터 '-뻐'가 연결되는 꼴이 보이기 시작한다.[7]

(27)

- 이러모로 뻐 네 敎호미 반ᄃ시 方이 이셔 (여훈상:25)
- 지어미 공경ᄒᄆ로뻐 그 지아비를 섬기며 (여훈하:8)
- 지아비 和동ᄒᄆ로뻐 그 지어미를 ᄃᆡ졉ᄒ야 (여훈하:8)
- 動ᄒ매 禮節을 조차 싁싁ᄒ며 雍화ᄒᄆ로뻐 가져 큰 티化를 도아 유익게 ᄒ야 (여훈상:18)
- 에엿비 녀기ᄆ로뻐 치미 가ᄒ니라 (여훈하:13)
- 사름의 사름 죄뇌 브싱의게셔 다ᄅ기는 그 父母의 恩과 얼운이며 어린의 義 이심으로뻬니 (경민중:21)

(6) '-이(라)' 앞의 이름씨로 기능

'-이(라)' 앞에 결합하여 이름마디가 이름씨처럼 기능하기도 한다.

---

7) 사름을 그리호마 홈으로뻐 許ᄒ고 (소학6:52)
   어버이를 깃기ᄆ로뻐 일 삼고 (소학5:37)
   어버이 입이 내 입에셔 重ᄒ으로뻬오……어버의 몸이 내 몸애셔 重ᄒ으로뻬라 (소학5:74)

(28)

- 어버이를 봉양ᄒ면 곳 이 부텨를 봉양ᄒ미니 (경민중:34)
- 境外예 ᄠᅳ디 <u>업슴이니</u> (여훈상:21)
- 슈건을 베프믄 그 ᄯᆯ 나흔 줄을 <u>불키미오</u> (여훈상:33)
- 杞姜이 오슬 주어 치위를 막ᄌᆞᆯ게 호믄 지아븨 니블 거슬
  공敬ᄒᆞᆯ줄을 <u>알ᄋᆞ미오</u> (여훈하:8)
- 內醮를 ᄀᆞ초믄 또 겨집 사룸의 이리 뼈 祭祀를 <u>쟝만ᄒ미라</u>
  (여훈상:33)
- 門 올흔녁희 슈건을 베프믄 그 ᄯᆯ 나흔 줄을 <u>불키미오</u> (여
  훈상:33)
- 붓그러온 바ᄂᆞᆫ 學이 업고셔 文을 <u>호미라</u> (여훈상:8)
- 妾을 ᄉᆞ랑호믄 夫의 ᄆᆞᆷ을 <u>順호미니라</u> (여훈하:14)
- 글을 샹담으로 호믄 빅셩이 비호디 아니ᄒ야도 알기 쉽과
  댜 <u>호미니</u> (경민중:서3)
- 도리를 들어 니룸은 빅셩이 感發ᄒ야 興起홈이 이과댜 <u>호
  미오</u> (경민중:서3)
- 法에 祖父母와 父母를 주기를 쇠ᄒ면 凌遲處死ᄒ고 발겨
  ᄉ지 <u>ᄀ르미라</u> (경민중:1)
- 法을 혀 참증ᄒ야 의논호믄 빅셩이 져허 두려 죄를 避ᄒᆞᆯ
  줄을 알 쎄이과댜 <u>호미오</u> (경민중:서3)

'-ㅁ 이름마디'는 이름씨처럼 임자말, 부림말, 위치말, 견줌말, 방편말, '-이(라)' 앞의 이름씨로 기능하고 있다. 홑월의 마침법 활용이 이름법 '-ㅁ'으로 바뀌어 안은 월에 안기는 마디가 되어 월성분으로

기능하고 있는 것이다. 모든 월성분의 기능을 하고 있다는 것은 '-ㅁ 이름마디'가 이름마디로서의 기능을 온전하게 수행하고 있음을 의미한다.

2.2. '-기 이름마디'의 기능

'-기 이름마디'도 임자말, 부림말, 위치말, 견줌말, 방편말로 기능하고, '-이(라)' 앞의 이름씨로도 기능한다. '-오-'를 선접하지 않는다. 왜냐하면 '-오-'는 '-ㄹ, -ㄴ, -ㅁ' 앞에만 선접되는 형태소이고, '-ㅁ' 과 '-기'는 다른 형태소이기 때문이다.

(1) 임자말로 기능

임자말로 기능하는 경우는, 홑월의 마침법 활용이 이름법 '-기'로 바뀌어 안은 월에 안기는 마디가 된다. 이때 안긴 이름마디는 안은 월의 임자말로 기능을 한다. '-기 이름마디'가 임자말로 기능할 때에 는 토씨가 대체로 생략된다. 이것은 '-기'가 '-ㅣ'로 끝나서 임자자리 토씨 '-ㅣ'와 중복되기 때문에 '-이'가 드러나지 않는 것이다. 또한, '-는', '-도'가 붙는 경우도 있다.

<토씨 생략>

(29)
• 이 물이 엇디 이리 <u>잡기</u> 어려오뇨 (노걸상:41)

- 모든 병의 뵈면 다 <u>고티기</u> 어려오니라 (마경상:24)
- 거믄 거시 와줌의 ㄱ리오면 겨을 병애 <u>곳티기</u> 어렵고 (마경상:30)
- 두 입시울이 <u>븕기</u> 금으로 쑤민 듯 ᄒ고 (마경상:30)
- 工錢을 밧디 아니리라 <u>니ᄅ기</u> 어렵다 (박통하:40)
- 威神을 혜아리디 못ᄒ고 聖德을 <u>싱각기</u> 어려온 디라 (박통중:23)
- 士民의 집의 <u>行ᄒ기</u> 어려온 故로 다만 香을 픠오고 (가례10:15)
- 官星이 업스니 오직 <u>買賣ᄒ기</u> 맛당ᄒ고 (노걸하:64)
- 前은 實ᄒ 효험을 <u>ㅂ라기</u> 어려온 디라 (염소:5)
- 變의 이른 <u>쳐티ᄒ기</u> 어려오니 (여훈하:5)
- 공동뫼 밧긔 <u>살기</u> 비록 즐거우나 (동신충1:86)
- 구토과 셜샤를 <u>그치기</u> 신긔로이 됴ᄒ니 (두창상:66)
- 권ᄒᄂ 말이 더옥 <u>듯기</u> 슬타 ᄒ오시니 (계축하:18)
- 西遊記ᄂ 워젼즈런ᄒ니 답답ᄒ 제 <u>보기</u> 됴ᄒ니라 (박통하:17)
- 斗星日은 飲食 어들 날이니 옷 <u>ᄆᄅ기</u> 됴ᄒ니 (박통중:54)
- ᄒᄃᄃ 잇게 ᄒ라 <u>보슬피기</u> 쉽게 ᄒ라 (노걸상:52)
- 간이 허ᄒ면 눈을 곰고 뒷다리를 <u>옴기기</u> 어렵고 (마경상:34)
- 사름마다 <u>니기기</u> 쉬오니라 (첩해초9:18)
- 각즈 <u>되기</u> 변홈이 순식간의 잇ᄂ니 (자초:12)
- 그 집과 나라희 <u>니러나기</u> 안해 다ᄉ리ᄂ 디 근본ᄒᄂ니

(여훈하:46)

- 긔별 듯기 아니 쉽스올가 ᄒ니 (계축하:2)
- 긔운과 몸이 약ᄒ 이ᄂ 화션ᄒ기 맏쌍ᄒ고 (마경상:43)
- 긔운과 몸이 쟝ᄒ 이ᄂ 슈션ᄒ기 맛쌍ᄒ니라 (마경상:43)
- 김뉴ᄃ려 니ᄅᄃᆡ 적진의 보내기 비록 두어 사름이라도 (산성:115)
- 내 몰래라 므스 거시 가져가기 됴홀고 (노걸하:59)
- 내 주거도 엇딜고 ᄒ 념이 업스니 깃브기 ᄀ이업다 (병자:318)
- 너브면 옷 지으매 남음이 잇고 쏘 풀기 쉽거니와 (노걸하:56)
- 네 굽이 몰라 든든ᄒ여 힝보ᄒ기 어려워 ᄒᄂ니ᄂ (마경하:103)
- 네 그 져근 둘이 되야기 낫더니 (노걸하:4)
- 네 믈 긷기 니근 둣 ᄒ괴야 내 믈 긷기 닉디 못ᄒ롸 (노걸상:31)
- 네 손에 돈 엇기 어렵다 (박통상:65)
- 녜브터 나라히 망ᄒ기 구ᄐ여 적국의 잇디 아니ᄒ니 (산성:84)
- 니ᄅ기 어렵다 니ᄅ기 어렵다 (박통상:49)
- 님군의 욕이 극ᄒ여시니 신지 죽기 맛당ᄒᄃᆡ (산성:97)
- 님군의 욕이 임의 극ᄒ여시니 신해 엇디 죽기 더듸리오 (산성:112)
- 닙히야 졀곡ᄒ기 됴ᄒ니라 (구황:5)

- 대군이 도라갈 길히 잡아 미야 <u>맛디기</u> 어렵디 아니ㅎ고 (산셩:102)
- 대두온이란 증은 머리 알프며 크게 <u>붓기</u> 말 ᄀᆞᄐᆞ니 (벽 온:11)
- 대병으로 셩을 <u>치기</u> 서리와 ᄇᆞ람이 ᄀᆞ을 풀닙을 거두치고 (산셩:143)
- 대비 <u>사오납기</u> 층냥 업서 (계튝하:32)
- 더데 <u>짓기</u> 쉽고 (두창샹:56)
- 덕 <u>닷기</u> 第 二라 (여훈샹:35)
- 뎌 진쥬ㅣ <u>크기</u> 언메나 ᄒᆞᄂᆦ (박통샹:19)
- 뎌ᄂᆞᆫ <u>고티기</u> 쉬오니 모롬이 膏藥을 브티디 말라 (박통 샹:13)
- 독긔 야ᄐᆞ며 기푸믈 <u>변ᄒᆞ기</u> 오로 이 ᄣᅢ예 인ᄂᆞ니라 (두창 샹:24)
- 듕간티 아니케 <u>잇기</u> 어려온 일인가 (쳡해초6:2)
- 드러와 ᄒᆞᄂᆞᆫ 힝지도 <u>괘심ᄒᆞ기</u> 층냥 업ᄉᆞ오나 (계튝하:25)
- 말로ᄂᆞᆫ 다 <u>ᄒᆞ기</u> 어려온 祝願의 일이옵도쇠 (쳡해초8:15)
- 명조의 용밍ᄒᆞᆫ 스쟈을 <u>항복ᄒᆞ기</u> 어려우니라 (권념:7)
- 목슈찬 유무 보니 녕감 <u>나오시기</u> 우ᄒᆞ로셔 나도 만코 (병 자:192)
- 못므리 여외매 고기 <u>곱초이기</u> 어려옴 ᄀᆞᄐᆞ니 (여훈하:18)
- 박참판 남참의 가 <u>보기</u> 소쥐ᄒᆞ시니 (병자:390)
- 밥을 지으매 되면 <u>닉기</u> 쉽고 믉으면 남글 허비ᄒᆞᄂᆞ니 (자 초:10)

- 밧과 안히 다 실흐니는 <u>돈기</u> 어려워도 (두창상:56)

- 번님내 서ᄅ <u>섭섭흐시기</u> 만만타 (병자:424)

- 법스의 쁘든 날로셔 몬져 이쇼딕 엇디 <u>오기</u> 느즌요 (권념:15)

- 병이 심흔 쟈는 <u>곳티기</u> 어렵고 (마경하:34)

- 병환이 수이 흐리면 <u>오기</u> 쉬오딕 엇딜고 흐노라 (병자:244)

- 보령 김진수 오니 <u>반갑기</u> 만만흐다 (병자:154)

- 블 곳 노흐면 너희 다 냥반되고 <u>나가기</u> 쉬오리라 (계축하:32)

- 비록 <u>오ᄅ시기</u> 슈고롭ᄉ올디라도 (첩해초6:19)

- 어와 ᄌ로 우다히 <u>오로ᄂ리기</u> 御大儀흔 일이ᅌᆞᆸ도쇠 (첩해초3:14)

- 엇디 그 或흐기 쉽고 <u>씌돋기</u> 어려오뇨 (가례5:23)

- 여러 사름 <u>췌샤흐기</u> 어려워 대되 쳥흐고 (산성:114)

- 연기 와 취흐여 가시다 샤직골 상쟈 오시니 <u>슬프기</u> ᄀ이업다(병자:356)

- 엿쇄 너믄 휘면 몯 미처 고티모로 <u>죽기</u> ᄀ장 쌘ᄅ니라 (두창상:38)

- 예셔 셔울 <u>가기</u> 당시롱 五百里 우흐로 잇ᄂ니 (노걸상:9)

- 오후의 박진시 오니 <u>반갑기</u> 아ᄆ라타 업서 흐노라 (병자:62)

- 오늘 비 오니 졍히 바독 <u>두기</u> 됴타 (박통상:21)

- 오늘에 다ᄃ라는 <u>섭섭흐ᅌᅵ기</u> 술올 양도 업ᄉ오니 (첩해초

8:26)

- 처엄 덥달기 사ᄒ리오 도다 <u>붇기</u> 병ᄒ야 사ᄒ리니 (두창하:69)

- 최판관 부음을 드ᄅ니 <u>놀랍기</u> ᄀ이 업고 (병자:94)

- 믹 길이 급ᄒ야 <u>오ᄅ기</u> 어려오니 이에 다 죽기의 니ᄅ다 (산성:32)

- 빅셩이 빈ᄒ디 아니ᄒ야도 <u>알기</u> 쉽과댜 (경민중:서2)

- 쇠 니마희 함화 모리털을 겸ᄒ여시면 <u>해롭기</u> 진실로 비샹ᄒ고 (마경상:16)

- 슈과탕은 힝역 ᄡ리 <u>내붓기</u> ᄀ장 됴ᄒ니 (두창상:22)

- 스나희와 겨집의 욕심이 <u>바라나기</u> 쉽고 막ᄌᄅ기 어려온디라 (경민중:15)

- 슈지과 일신이 곳바 눕기 만코 <u>닐기</u> 쟉고 (태산:13)

- ᄯ 놋쟈로ᄡ 쎠 드리오면 <u>ᄂ려디기</u> 나븨 ᄂᆯ개 곳ᄂ니 (염소:14)

- ᄯ 신하과 妾이 <u>치기</u> 어려오니 (여훈하:12)

- ᄯ 스스로 혜요딕 喪服記 文ᄌ를 <u>알기</u> 어엽다 ᄒ야 (가례6:8)

- ᄯ 굴오딕 약 <u>딕기</u> 맛당티 아니ᄒ니 (두창하:53)

- ᄯ 닉일 구름 <u>가기</u> 됴타 니ᄅ시니 (첩해초8:14)

- 쏩이 <u>나기</u> 기름 곳ᄐ면 심혈이 죽금이라 (마경상:35)

- ᄌ최옴 아니 ᄒᄂ니ᄂ <u>고티기</u> 어려오니 (벽온:11)

- 흔 겨을의 슬마 <u>먹기</u> 됴ᄒ니라 (박통중:34)

- 사름의 ᄆᆞ음만 부드러오니 업ᄉ나 勢ㅣ로ᄡ <u>핍박기</u> 어렵

고 (여훈하:12)

- 사름이 다 흔 번 죽기 이시니 (동신충1:23)
- 산후에 어즐ᄒ야 인ᄉᆞᄅ ᄎ리디 몯ᄒ기 두 가지 인느니 (태산:51)
- 삼위증은 진실로 고티기 어렵고 (마경하:119)
- 세여도 먹기 맛당티 아니ᄒ니 (박통하:44)
- 셜마 은 手帕ㅣ라도 드리기 유여티 못ᄒ리라 (박통중:55)
- 수 만을 ᄏᆡ 크고 건장ᄒ기 맛치 ᄀᆞᆺᄐ니로 (산성:127)
- 숨을 겨요 쉬시고 우ᄅ시니 보옵기 참담ᄒ고 가슴이 믜어 디ᄂᆞᆫ듯 (계축상:21)
- 신ᄒ탕을 머겨 ᄯᆞᆷ내여 아프기 긋거든 그치라 (두창상:60)
- 애 貴人을 보기 어렵다 (박통상:34)
- 어긔기 만티 아니ᄒ다 (差不多兒) (역어하:53)
- 온갓 인ᄉᆞ 브죡흔 ᄃᆡ 업스니 깃브기 만만ᄒ다 (병자:320)
- 우리 高麗ㅅ 사름은 즌 국슈 먹기 닉디 못ᄒ여라 (노걸 상:54)
- 우리 그저 뒷동산의 가 뒤보기 됴티 아니ᄒ랴 (노걸상:33)
- 웃뎐의 문안 가면 대군의 소ᄅᆡ 듯기 슬터라 ᄒ며 (계축 상:7)
- 음경으로 드로모로 그 열나기 반ᄃᆞ시 크게 ᄒ야 (두창 하:70)
- 의혹 졍뎐의 굴오ᄃᆡ 힝역의 약 ᄡᅳ기 진질로 혜아리미 이실 거시니 (두창하:19)
- 이 一段 되기 어려온 所望이읍도쇠 (첩해초9:9)

- 이 일홈을 외로온 양긔과 그쳐딘 음긔니 <u>고티기</u> 어려우니 (태산:55)

- 이 활이 좀이 므르니 <u>드리기</u> 어렵다 (노걸하:28)

- 이 믈이 엇디 이리 <u>잡기</u> 어려오뇨 (노걸상:41)

- 이리 용흔 사름을 어더 <u>맛나기</u> 쉽수올가 (계축하:4)

- 이제 근측흔 소임 <u>맛긔기</u> 가티 아니타 (계축상:44)

- 이제 뎌리 모진양을 흐니 <u>사오납기</u> 심치 아니리오 (계축하:12)

- 이제 <u>블힝흐기</u> 이러틀 흐니 (동신충1:55)

- 이제 사름이 <u>葬흐기</u> 두 法이 이시니 (가례7:20)

- 자네 슈고와 폐는 <u>비흐기</u> 어려오니 (첩해초6:3)

- 자손 곳의 쥬어시니 <u>엇기</u> ᄀ장 어렵다 흐거늘 (계축상:45)

<-는>

(30)

- 머리 믹일 알프니 죵신지질인가 <u>죽기는</u> 잠간도 념녜 업수되 (병자:322)

- 문 <u>열기는</u> 평디텹경이라 흐더라 (계축하:28)

- 믈읫 믈이 과글리 싸이 것구러뎌 <u>죽기는</u> 심과 폐 근쳐딤이라 (마경상:38)

- 밋 夏秋冬字 <u>고티기는</u> 다 이믜 우희 見흐니라 (가례10:20)

- 샹시 行儀를 웃듬흐는 규귀오니 <u>엿줍기는</u> 가지 가지 쥬션흐여도 (첩해초5:26)

- 발돕 <u>다듬기는</u> 다숫 낫 돈이니 (박통상:47)
- 밧그로 장뎡 닉관들 <u>보내기는</u> 우히 대군을 드리오시고 (계축상:41)
- 복이 신이 <u>즈결ᄒ기는</u> 졍히 뎐하의 오늘날을 ᄎᆷ아 아니 보려ᄒ미러니 (산성:122)
- 사ᄅᆷ의 사ᄅᆷ 되오미 즘싱의게셔 <u>다르기는</u> 그 父子의 恩과 얼운이며 (경민중:21)
- 셴 가야지 비 타 <u>드리기는</u> 뉴즈안 안해 ᄒ야 (계축상:24)
- <u>아프기는</u> 힝역괘 됴흔 증이니 (두창하:9)
- 어린 쳔인의게 <u>쳥ᄒ기는</u> 가티 아닌 일이오 (계축하:28)
- 어제 東萊 <u>니ᄅ시기는</u> ᄀᆞ장 세츤 사ᄅᆷ 둘홀 밤낫 올라갈 양으로 (쳡해초5:8)
- 얼굴이 믈 <u>빗기는</u> 쇠글게 ᄀᆞᄐ되 니 업고 (염소:20)
- 우리 그른 ᄃᆡ <u>되기는</u> 눈에 알피라 ᄒ여 가지 가지 니르오니 (쳡해초6:18)
- 온 가지로 <u>니ᄅ기는</u> 국무녀 슈난개 니ᄅ더라 (계축상:16)
- 쟝ᄎᆺ 더데 지을 제 도든 거시 일시에 <u>검기는</u> 더데 아니라 (두창상:36)
- 죵의 말 아니 <u>듯기는</u> 술위 쉰들 그리 질길가 (계축상:11)
- 참마다 비예 ᄂᆞ리시기 <u>어렵기는</u> 죠고마ᄒ고 (쳡해초6:21)
- 처엄 <u>變服ᄒ기는</u> 初喪 적 ᄀᆞ티 ᄒ야 (가례7:11)
- ᄀᆞ올의 죽이고 봄의 <u>살오기는</u> 텬디 되오 (산성:57)
- 믈이 홀로 열흔 병이 만히 <u>나기는</u> 어찌오
- ᄯᅩ <u>니ᄅ시기는</u> 맛당히 수이 봄이 本意ㅣ언마는 (쳡해초

5:7)

- ᄯᅩ 變服ᄒᆞ기ᄂᆞᆫ 大小斂 적 ᄀᆞᄐᆡ ᄒᆞ라 (가례7:12)
- ᄌᆡ貨ᄂᆞᆫ 盡호미 잇고 責츌ᄒᆞ기ᄂᆞᆫ ᄀᆞ이 업슨 故로 (가례4:11)

<-도>

(31)

- 만일 尊長이 拜賓ᄒᆞ기도 禮 ᄯᅩ 이 ᄀᆞᄐᆞ니 (가례7:8)
- 셔로 ᄃᆞ라 손쏩 다ᄃᆞᆷ을 쉬기도 엇디 못ᄒᆞ고 (박통중:43)
- 오ᄂᆞᆯ은 건넘즉ᄒᆞᆫ 구룸 가기도 잇고 (첩해초1:8)
- 오ᄂᆞᆯ은 구룸 가기도 됴코 (첩해초5:16)
- 우리 듯기도 더옥 깃브ᄋᆞᆸ데 (첩해초3:27)
- 몬져 이리 니ᄅᆞ시니 ᄉᆞᆲ기도 어렵ᄉᆞᆸᄶᅥ니와 (첩해초8:5)

(2) 부림말로 기능

부림말로 기능하는 경우는, 홑월의 마침법 활용이 이름법 ‘-기’로 바뀌어 안은 월에 안기는 마디가 된다. 이때 안긴 이름마디는 안은 월의 부림말로 기능을 한다. ‘-기 이름마디’가 부림말로 기능할 때에는 토씨 ‘ᄅᆞᆯ/를, ᄂᆞᆯ’이 결합한다. 그리고 토씨가 생략되는 경우도 있다. 다른 월성분에 비해 부림말로 기능을 많이 한다.

<-룰/를>

(32)

- 우리 도라갈 貨物 <u>사기를</u> 의논ᄒ리니 (노걸하:51)
- 들면 오로 업고 완ᄒᆫ 믹은 가며 <u>오기를</u> 더듸ᄒ고 (마경
  상:19)
- 싀ᄒᆫ 믹은 가며 <u>오기를</u> 쾌히 몯ᄒ야 (마경상:19)
- 거름애 나ᄋ며 <u>므르기를</u> 니기고 (연병:17)
- 겨레 <u>ᄉᆞ랑ᄒ기를</u> 슝샹ᄒ며 (경민중:25)
- 경ᄒ니는 <u>돋기를</u> 머리로셔 발애 니르고 (두창상:51)
- 고기 ᄀᆞ득ᄒ야 슬지매 <u>트기를</u> 젹게 ᄒ고 (마경하:25)
- 고티고 ᄒ다가 <u>칩기를</u> 마디 아니코 (두창하:25)
- 곳 노히여 니러 國王의 앏픠 가 <u>고ᄒ기를</u> 믓디 못ᄒ여셔
  (박통하:19)
- 그저 ᄀᆞ장 <u>셕기를</u> 고로게 ᄒ여 고디식이 버리고 두쟈 (박
  통중:49)
- 그제브터 나시되 <u>ᄀ렵기를</u> 當티 못ᄒ여라 (박통상:13)
- 그듸를 기드려사 <u>묻기를</u> ᄆᆞ츠리니 (권념:2)
- 글 <u>보기를</u> 다 通ᄒ야사 비로소 가히 글지이를 빅홀 거시니
  라 (가례2:26)
- 김뉘 화약을 앗겨 흠긔 만히 <u>주기를</u> 아니ᄒ고 (산성:32)
- 나라흘 위ᄒ야 이믜 ᄒᆫ 번 <u>죽기를</u> 허ᄒ여시니 (동신충
  1:87)
- 내여 보내오시기를 ᄎᆞᆷ아 못 ᄒ오샤 (계축상:33)

- 네 뇌여란 ᄒ디 말라 <u>니ᄅ기ᄅᆯ</u> ᄆ츠매 (박통중:28)
- 네 비록 몸을 ᄀᆷ초와 <u>살기ᄅᆯ</u> 도모ᄒ나 (산성:42)
- 네 엇디 몸소 ᄒᆫ 번 나 <u>ᄡᅡ호기ᄅᆯ</u> 아닛ᄂ뇨 (산성:40)
- 네 이 다ᄉᆞᆺ 발 칼을 이리 <u>ᄆᆡᆫᄃᆞᆯ기ᄅᆯ</u> 곱고 乾淨히 ᄒ려 ᄒ면 (박통상:16)
- 녯 사ᄅᆞᆷ이 가난ᄒᆫ 히예 만히 밀을 머거 비 <u>고프기ᄅᆯ</u> 디내니 (보유방:4)
- 녹피로 큰 신 <u>짓기ᄅᆯ</u> 시작ᄒ다 봄의 절워 두엇다가 (계축하:41)
- 눈물이 흘너 오시 저ᄌᆞ니 엇디 <u>셟기ᄅᆯ</u> ᄎᆞᆷ으며 (계축하:19)
- 눈을 ᄀᆞ므며 힝ᄒ며 셜 제 어린 ᄃᆞᆺ ᄒ여 <u>눕기ᄅᆯ</u> 하게 ᄒ고 (마경하:14)
- 뉘셔 방화 <u>ᄒ기ᄅᆯ</u> ᄀᆞᄅ치더니 (계축하:41)
- <u>넑기ᄅᆯ</u> 어ᄃᆡᄉᆞᆽ지 ᄒ엿ᄂ뇨 (박통상:44)
- 비록 반이 디나도 <u>되기ᄅᆯ</u> 뎡티 못ᄒᄂ니라 (자초:8)
- 사ᄅᆞᆷ을 만나면 <u>통곡ᄒ기ᄅᆯ</u> 긋치디 아니ᄒ고 (산성:73)
- 사ᄅᆞᆷ이 ᄆᆞᆯ 보내여 <u>ᄃᆞ라나기ᄅᆯ</u> 권ᄒᆞᆫ대 (동신충1:72)
- 삼을 자바 ᄭᅮ리 <u>겯기ᄅᆯ</u> 맛드며 (여훈상:33)
- 척화신 내여<u>주기ᄅᆯ</u> 쳥ᄒ니 (산성:106)
- 서ᄅᆞ <u>ᄠᅳ기ᄅᆯ</u> 수십 보맛갑 ᄒ라 (연병:22)
- 소ᄂᆞ로 티며 <u>디ᄅᆞ기ᄅᆯ</u> 니기고 (연병:17)
- 손듀도의 니ᄅᆞ러 ᄡᅩ아 <u>주기기ᄅᆯ</u> 만히 ᄒ니 (동신충1:34)
- 손이 오나ᄃᆞᆫ <u>拜ᄒ기ᄅᆯ</u> 처엄 ᄀᆞ티 ᄒ라 (가례7:12)
- 쇼방 ᄀᆞᆺ티 허믈을 곳치고 스ᄉᆞ로 <u>의탁ᄒ기ᄅᆯ</u> 원ᄒᄂ 쟈ᄂ

(산셩:57)

- 쇼인네는 본디 못 먹습건마는 감격 오매 <u>먹기를</u> 과히 여엿 오니 (첩해초2:6)

- 숑 야 <u>도토기를</u> 망녕도이 니 혀면 (경민중:26)

- 수리와 거 군이 례로 <u>횡군 기를</u> 처엄 티 고 (연병:34)

- 술 빗고 쩍 라 남잡히 <u>쓰기를</u> 거의 다 모로 (경민중:12)

- 神主 <u>내기를</u> 쏘 티 고 (가례1:25)

- 神主 <u>밀글기를</u> 밤남글 써서 (가례7:32)

- 아래 一半이 뒷 閣中의 加 者는 뵈 <u>쓰기를</u> 여 치오 (가례6:7)

- 안히 다 자시니 믈 <u>드리기를</u> 잘 고져 노라 (박통중:3)

- 어버이 병드 심애 구의 야 <u>고티기를</u> 힘쓰디 아니 며 (경민중:22)

- 어버이 주그심애 편안이 <u>묻기를</u> 제 로 아니 리 (경민중:22)

- 어 <u>티기를</u> 알리오 (박통하:34)

- 엇디 구 여 <u>츙셩 기를</u> 기 려 니 다 리오 (산셩:86)

- 엇디 뎌 本像을 잡아내리오 <u>니 기를</u> 매 (박통하:24)

- 엇디 맛당이 서 <u>보기를</u> 문득 길히 사 티 리오 (경민중:29)

- 엇디 디 예는 <u>달호기를</u> 잘못 여 이러 니 허믈 마 시

소 (첩해초2:9)

- 여러번 유의ᄒ야 디내니 과연 뒷 <u>시위ᄒ기ᄅᆯ</u> 아니 ᄒ더라 (계축상:13)
- 여믈 <u>써흘기ᄅᆯ</u> ᄀᆞᄂᆞᆯ게 ᄒ야 (박통상:21)
- 열 필 깁을 <u>누우기ᄅᆯ</u> 닉게 잇긋 ᄒ라 (박통중:4)
- 영 <u>티기ᄅᆯ</u> 합당티 아니킈 ᄒ야 (연병:18)
- 오직 긔혈이 브죡ᄒ여 능히 부러 곪겨 <u>되기ᄅᆯ</u> 몯ᄒ모로 (두창상:38)
- 왕이 ᄀᆞᆯ오샤ᄃᆡ <u>곳티기ᄅᆯ</u> 엇찌 ᄒ리오 (마경하:58)
- 우믈 므ᄅᆯ 우희여 <u>마시기ᄅᆯ</u> 믓고 (동신충1:8)
- 이 벗아 네 콩 <u>슖기ᄅᆯ</u> 아디 못ᄒᄂᆞᆫ 듯ᄒ다 (노걸상:18)
- 이날브터 밥을 먹디 아녀 스스로 <u>죽기ᄅᆯ</u> 긔약ᄒ더라 (산성:74)
- 이리 <u>收拾ᄒ기ᄅᆯ</u> 정제히 ᄒ면 됴티 아니ᄒ랴 (박통중:45)
- 이십일의 마쟝이 통ᄉᆞ 뎡명슈ᄅᆯ 보내야 <u>화친ᄒ기ᄅᆯ</u> 언약 ᄒᆞᆯᄉᆡ (산성:25)
- 이에 纊을 屬ᄒᆞ야 뻐 <u>氣絶ᄒ기ᄅᆯ</u> 기ᄃᆞᆯ오ᄂᆞ니 (가례5:2)
- 이제 宗法의 祭祀 ᄒᄂᆞᆫ 禮 <u>ᄀᆞᆺ기ᄅᆯ</u> 要구ᄒᆞᆯ딘대ᄂᆞᆫ (가례1:18)
- 이젼의 ᄡᅳ고 뎌ᄂᆞᆫ 것들 다 <u>혜기ᄅᆯ</u> 明白히 ᄒ쟈 (노걸하:65)
- 익긋 <u>초기ᄅᆯ</u> 기ᄃᆞ려 그 ᄲᆞᆫ 거슬 풀고 (자초:12)
- 일 재고 늦게야 닐고 밥 <u>먹기ᄅᆯ</u> ᄠᅢ업시 ᄒ라 (가례2:24)
- 일을 그치고 <u>드토기ᄅᆯ</u> 더러 분을 편안이 너기며 (경민

중:29)

• 임진왜난의 곰티 싸홀 마가 도적을 <u>주기기</u>를 무수히 ㅎ니 (동신충1:41)

• 저즌 싸해 <u>믠기</u>를 금긔ㅎ라 (마경하:95)

• 저컨댄 俗을 <u>좃기</u>를 免티 몯홀가 ㅎ노라 (가례1:35)

• 제 코를 프러 <u>슷기</u>를 간졍히 ㅎ느니라 (박통중:47)

• 져근덧 亽이도 그 <u>공敬ㅎ기</u>를 닏디 마롤디니라 (여훈하:9)

• 져기 믈 쓰리고 닛비 가져다가 <u>쁠기</u>를 간졍히 ㅎ고 (박통 중:44)

• 젼의는 토묵으로써 밍히 <u>쌀히기</u>를 졀츠 업시 ㅎ고 (자초:10)

• 졍의 ᄎ마 내여 <u>주기</u>를 못 흘노라 (계축상:35)

• 쥬무의 ᄆ음을 졍히 ㅎ고 명에 <u>도라오기</u>를 근쳥ㅎ여시니 (산셩:118)

• 지아븨 음식을 <u>공敬ㅎ기</u>를 알ᄋ미오 (여훈하:8)

• 진실노 이쇄의 대국이 허믈을 ᄇ리고 스스로 <u>새롭기</u>를 허 ㅎ야 (산셩:55)

• 쳑화ᄒᆫ 일로써 ᄌ슈ㅎ고 젹진의 <u>가기</u>를 쳥ㅎ니 (산셩:104)

• 쳥 판관 덕산셔 오시다 새희를 만나니 <u>망극툭툭ㅎ기</u>를 다 니르랴 (병자:48)

• 최명길 등이 동궁 <u>보내기</u>를 쳥ᄒᆞ대 (산셩:23)

• 침범ᄒᆞ야 하라 <u>숑스ㅎ기</u>를 ᄒᆞᆫ 번 니르혀매 믄득 뎍국이며 원쉬 되ᄂᆞ니 (경민중:25)

• 텹 박아 둔데 박으니 우흔 <u>죽亽오시기</u>를 날노 기ᄃ리오시 거니와 (계축하:38)

- 토란 <u>시므기롤</u> 믈 각가이 건듸 심겻짜 (보유방:16)
- 하 무셔워 되답 ᄒ되 나ᄂ 말 츔기롤 못 ᄒ니 둣 (계축하:37)
- 하늘이 아래를 <u>구버보시기롤</u> ᄀ장 붉게 ᄒ시고 (경민중:17)
- 형셰 궁박ᄒ야 두번 <u>부ᄅ지지기롤</u> 면티 못ᄒ니 (산성:51)
- 환도 화살 ᄎᆫ 군쟝이 위립ᄒ야 가니 그졔야 <u>울기롤</u> 긋치고 (계축상:37)
- 황뎨 화친 허러 <u>브리기롤</u> 우리로브터 ᄒ다 (산성:142)
- ᄀ장 밥 먹디 못홀돠 <u>짓기롤</u> 일 ᄒ던들 져기 먹기 됴흘러니 (박통하:45)
- ᄀᄅ치고 시기ᄂ 일을 듯디 아니ᄒ며 <u>奉養ᄒ기롤</u> 삼가 아니ᄒ면 (경민중:2)
- ᄀ올의 눗 <u>픠기롤</u> 봄 눗 픠둣 ᄒ거늘 (계축하:44)
- ᄀᆺ <u>쏘기롤</u> 기우로 ᄒ여다 (노걸하:33)
- ᄆᆯ늬 듈기며 <u>뿃기롤</u> 니기며 (연병:17)
- ᄆᄎᆷ내 굴티 아니ᄒ고 <u>ᄭ짓기롤</u> 입에 그치디 아니ᄒ고 (동신충1:39)
- 믈이 병이 업ᄉ되ᄂ 피롤 <u>앗끼기롤</u> 금 ᄀᆺ티 홀ᄯᅵ니라 (마경상:58)
- 믹월 보로매 미타불 <u>념ᄒ기롤</u> 일만 편으로 업을 ᄒ거늘 (권념:2)
- 믹일 길 ᄃᆞ녀 슈구ᄒ고 <u>먹키기롤</u> ᄀ장 못ᄒ야시니 (노걸상:63)
- 브야흐로 화친을을 비쳑ᄒ매 노ᄉ <u>뒤졉ᄒ기롤</u> 박히 ᄒ고 (산성:9)

- ᄇᄅᆷ과 닝긔예 이긘 배 도여 능히 부르며 믈 돌며 <u>굽기기</u>를 몯ᄒ며 (두창하:44)
- ᄲ 믓고 몰래 <u>뫼호기ᄅᆯ</u> 香案 前과 밋 位미 다 얇픠 ᄶ 우희ᄒ고 (가례10:6)
- ᄲᆶ쥭 운 믈에 플어 <u>먹기ᄅᆯ</u> 나지 세 번 밤익 ᄒᆫ 번 ᄒ라 (두창하:56)
- ᄲᅳ려 ᄒ면 ᄒᄅᆨ ᄒᆫ 필도 나마 ᄲ되 ᄌᄌ <u>ᄲ기ᄅᆯ</u> 아니ᄒᄂ니라 (병자:252)
- ᄉ졍이 급박ᄒ야 여러 번 글을 올려 스스로 <u>새롭기ᄅᆯ</u> 구ᄒ나 (산성:82)
- 싀흔 믹은 가며 <u>오기ᄅᆯ</u> 쾌히 몯ᄒ야 (마경상:19)
- ᄶ히 무더 後에 <u>ᄲ기ᄅᆯ</u> ᄀ초라 (염소:6)
- ᄶᄒᆫ로ᄡ 하ᄂᆯ홀 承ᄒᄆ 싁싁이 <u>공경ᄒ기ᄅᆯ</u> 하ᄂᆯ ᄀ티 호미라 (여훈하:8)
- ᄶ 밥 <u>짓기ᄅᆯ</u> 아디 못ᄒ니 (박통중:14)
- ᄶ 법에 뎐포 <u>고티기ᄅᆯ</u> 잉부ᄅᆯ ᄒ야곰 갓고로 셰ᄃ시 ᄒ야 (태산:42)
- ᄶ 둙 거유 올ᄒᆡ알 슬마 <u>먹기ᄅᆯ</u> 각별이 긔휘ᄒ라 (두창하:40)
- 그 거품을 다 건디되 이리 <u>ᄒ기ᄅᆯ</u> 서너 번 ᄒᆫ 후의 (자초:12)
- ᄲᆯ리 베히라 ᄒ고 <u>ᄭ짓기ᄅᆯ</u> 입의 그치디 아니ᄒᆫ대 (동신충1:51)
- ᄌ식 빈 겨집이 몸을 펴 <u>ᄃᆞ니기ᄅᆯ</u> 즐겨 아니코 (태산:21)

- 지ᄒ야 <u>공양ᄒ기ᄅᆞᆯ</u> 넙이 ᄒᆞᄂᆞᆫ 거시 (경민중:36)
- 칙을 <u>밍글기ᄅᆞᆯ</u> 반ᄃᆞ시 근본을 미뢰며 (경민중서:3)
- ᄒᆞᆯ며 古者애 襲斂애 옷 <u>쓰기ᄅᆞᆯ</u> 만히 ᄒᆞᄂᆞᆫ디라 (가례5:18)
- ᄒᆞᄅᆞ ᄒᆞᆫ 번씩 ᄂᆡᆼ슈에 타 <u>머기ᄅᆞᆯ</u> 셜흔 날만의 다 머그면 (보유방:7)
- ᄒᆞᄅᆞᆺ밤의 <u>먹이기ᄅᆞᆯ</u> 닐곱 여ᄃᆞᆲ 번의 다ᄃᆞᆺ게 ᄒᆞ라 (박통상:21)
- ᄒᆞᆫ 번의 <u>섯기ᄅᆞᆯ</u> 고로게 ᄒᆞ라 (박통하:5)
- ᄒᆞᆫ 사ᄅᆞᆷ을 ᄃᆡᆼ티ᄒᆞ여 빅 사ᄅᆞᆷ을 <u>경계ᄒᆞ기ᄅᆞᆯ</u> 마디 아닐 ᄶᅢ니 (경민중:26)

<-ᄂᆞᆯ>8)

(33)

- 뉴종개ᄂᆞᆫ 녜안현 사ᄅᆞᆷ이니 셩이 쥬역 <u>닑기ᄂᆞᆯ</u> 즐기고 (동신충1:61)
- 콩을 젹게 먹고 비쇠ᄒᆞ면 플을 토ᄒᆞ여 <u>번위ᄒᆞ기ᄂᆞᆯ</u> 만히 ᄒᆞ고 (마경상:36)
- 곡식 <u>머기기ᄂᆞᆯ</u> 모ᄅᆞᆷ매 맛당히 졀ᄒᆞ며 (마경상:40)

---

8) '-ᄂᆞᆯ'은 '-ᄅᆞᆯ/를'의 오기가 아니라, 부림자리 토씨의 다른 표기로 볼 수 있다. 한 문헌에서 '이름씨+ᄅᆞᆯ/를/ᄂᆞᆯ'의 형태가 남움직씨 구문에 나타나고, 이러한 모습이 한두 군데에서만 발견되는 것이 아니라, 여러 곳에서 보이고 있기 때문이다. 다음의 예문은 '-ᄂᆞᆯ'이 부림자리 토씨로서, '-ᄅᆞᆯ/를'과 함께 쓰이고 있는 모습이다.
- 도적기 크게 노ᄒᆞ여 <u>머리ᄂᆞᆯ</u> 베히고 빅ᄅᆞᆯ ᄲᅡ고 (동신열4:87)
- 도적이 시러곰 <u>머리를</u> 버히디 못ᄒᆞ고 (동신열8:1)
- 도적이 그 <u>머리ᄅᆞᆯ</u> 버히고 가니라 (동신열7:86)
- 역녀 금은 김희부 사ᄅᆞᆷ이라 일 <u>지아비ᄅᆞᆯ</u> 주기고 (동신열2:6)
- 슈비 이ᄂᆞᆫ……부모 셤김을 다 졍셩을 다ᄒᆞ더니 일 그 <u>지아비ᄅᆞᆯ</u> 일코 (동신열2:13)
- 쥬로 <u>다리ᄂᆞᆯ</u> 밧쓰며 셔기ᄅᆞᆯ 난신ᄒᆞᄂᆞ니 (마경하:69)
- <u>다리ᄅᆞᆯ</u> 쓰디 못ᄒᆞᄂᆞᆫ 병을 고티ᄂᆞ니 (마경상:59)
- <u>다리를</u> 곧고디 ᄃᆞᆫ니ᄂᆞᆫ 이ᄂᆞᆫ 습긔로 앏픔이오 (마경상:760)

- 믈읫 믈 <u>머기기</u>를 겨을히는 더온 고티 ᄒ며 (마경상:38)
- 밤이어든 그 <u>숨쉬기</u>를 듣고 (마경상:39)
- 블의 달온 침을 각각 <u>주기</u>를 ᄒ 촌식 ᄒ라 (마경상:62)
- 성에를 다 업시ᄒ고 잠깐 <u>식기</u>를 기돌러 (염소:15)
- 시를 ᄶ러나디 아녀서 목숨이 <u>죽기</u>를 기도르니라 (마경상:32)
- 신이 허ᄒ면 다리 브어 거름 <u>것기</u>를 더티 믿고 (마경상:35)
- 심흉이 <u>막키기</u>를 극히 ᄒ여 (마경상:84)
- 압뒤 복병을 내되 서르 <u>ᄯ기</u>를 스므나믄 거름만 ᄒ고 (연병:5)
- 어린 ᄆ상이와 졈은 ᄆ을 <u>치기</u>를 고로게 못ᄒ며 (마경하:67)
- 엇디 음식 <u>먹키기</u>를 그 법을 엇디 아니홈이리오 (마경상:40)
- 입에 <u>머기기</u>를 근치디 말며 (마경하:32)
- 적이 ᄲ오니 살이 그 몸애 <u>묻기</u>를 고솜돋 ᄀ티 ᄒ니 (동신충 1:10)
- 초어을메 븍문의셔 <u>싸호기</u>를 급히 ᄒ거늘 (동신충1:40)
- 믈이 병이 잇거든 피 <u>블이기</u>를 흙 ᄀ티 ᄒ고 (마경상:55)
- ᄶ 믹이 ᄒ 번 <u>닐으기</u>를 더ᄒ면 크게 근심이 업ᄂ니라 (마경상:32)
- ᄶ혼 <u>싸호기</u>를 스므나믄 날을 ᄒ매 (동신충1:4)
- 네 ᄆ즈막 들의 만홰 븟터 <u>왕셩ᄒ기</u>를 각각 열여드래 식 ᄒ니 (마경상:27)
- 금긔홈은 공댱의 믈을 <u>먹기기</u>를 경계ᄒ고 저즌 짜히 미여 자기를 금긔ᄒ라 (마경상:81)

- 노프며 <u>놋기놀</u> 그른츠면 (연병:18)
- 노픈 언덕의 가 도로혀 급히 <u>녜기놀</u> 여라믄 번을 ㅎ면 (마경하:83)
  - 눈의 뎐홈은 받ᄉ로 눈의 옴김이니 <u>다치기놀</u> 넘우 넘게 ㅎ며 (마경상:99)
- 눈히 붉고 눈시욹이 뒤여디면 <u>돗기놀</u> 잘ㅎ고 (마경상:5)
- 뉴종개ᄂ 녜안현 사름이니 셩이 쥬역 <u>닑기놀</u> 즐기고 (동신충1:61)
- 뎡박기 쏀놋흔 낙으로써 <u>낙ㅎ기놀</u> 깁기놀 세 분을 ㅎ라 (마경상:79)
- 도적이 와 다와다 텹환이 <u>오기놀</u> 비 ᄀ티 ㅎ니 (동신충1:57)
- 간풍은 간열이 ᄇ룸을 냄이니 <u>다치기놀</u> 넘우 셩히 홈을 인연ㅎ야 (마경상:97)

<토씨 생략>

(34)
- 차 <u>먹기</u> ᄆ차든 戒ㅎᄂ 者ㅣ 니러서 닐러 굴오듸 (가례3:3)
- 우리 <u>밥먹기</u> ᄆ차든 여긔들흘 머믈워 짐들 보게 ㅎ고 (노걸상:51)
- 그저 다랍고 빗 지면 거줏말 <u>니르기</u> 잘흔다 (박통상:32)
- 길ᄉ애셔 <u>뒤보기</u> 말라 (노걸상:34)

- 낫과 밤의 두로 <u>도니기</u> 일빅이십 볼을 ᄒᆞ니 (마경상:52)
- 내 블 <u>씻기</u> 못ᄒᆞ고 ᄇᆞᄅᆞᆷ 마시랴 (노걸상:18)
- 녑구 됴 음 오후의 련동 벽녁 <u>거ᄅᆞ기</u> ᄒᆞ다 (병자:88)
- 녑삼 녑ᄉᆞ 혹 음 우 족하ᄃᆞᆯ 와시니 <u>든든ᄒᆞ기</u> 다 니ᄅᆞ랴 (병자:120)
- 네 밥 <u>먹기</u> ᄆᆞ차든 둘흐로 ᄒᆞ야 ᄆᆞᆯ 모라 게다가 노ᄒᆞ라 가라 (노걸상:50)
- 네 블 <u>씻기</u> ᄒᆞᄂᆞᆫ다 블씻기 못ᄒᆞᄂᆞᆫ다 (노걸상:18)
- 오라 내 시험ᄒᆞ여 ᄆᆞᆯ <u>깃기</u> 빅화지라 (노걸상:32)
- 오래 누어 <u>자기</u> 말며 (태산:15)
- 뎨 즘ᄉᆡᆼ <u>고티기</u> 잘 ᄒᆞᄂᆞ니라 (박통상:38)
- 다만 계집이 ᄆᆞᆯ <u>깃기</u> ᄒᆞ되 (노걸상:33)
- 두 사ᄅᆞᆷ을 <u>보내기</u> ᄎᆞ마 못홀 배로디 (산성:116)
- 본디 오래 <u>셔기</u> 잘 못ᄒᆞᄋᆞᄊᆞᆷ와 슬왓ᄉᆞᆸᄽᅥ니 (첩해초3:9)
- 본 톄도 아니 ᄒᆞ고 간즉 밧긔 <u>셰워두기</u> 날이 기우도록 ᄒᆞ고 (계축상:12)
- 비록 경ᄒᆞᆫ 듯 ᄒᆞ여도 <u>고티기</u> 어려우니 이러모로 (두창상:55)
- 서ᄅᆞ <u>ᄡᅳ기</u> 두 자 다ᄉᆞᆺ 치만케 ᄒᆞ고 (가례10:32)
- 아ᄃᆞᆯ ᄌᆞ식 <u>귀ᄒᆞ기</u> 이ᄢᅦ예 더욱 알로다 (병자:114)
- 이 술 ᄑᆞᄂᆞᆫ 이 <u>싯구기</u> 잘 ᄒᆞᄂᆞᆫ고나 (노걸상:59)
- 묽은 믈 <u>먹기</u> 쟉게 혼다 (노걸상:32)
- 싱심이나 날과 댱방올 <u>티기</u> 홀ᄍᆞ (박통하:36)

- 조치욤과 <u>놀라기</u> 만히 ᄒᄂ니ᄂ 쟝ᄎᆺ 힝역 뜨리ᄒᆯ 증휘라 (두창상:11)

<-ᄂᆫ>

(35)
- 쳑화신 <u>내여주기ᄂᆫ</u> 허락ᄒᆞ여시니 (산성:101)
- 안고 ᄒᆫ 가지로 죽을 ᄲᅮᆫ이언정 내어 <u>보내기ᄂᆫ</u> ᄎᆞ마 못 ᄒᆯ 소이다 (계축상:28)
- 주근 ᄌᆞ식ᄃᆞᆯ <u>싱각기ᄂᆫ</u> 시로 니준 적 업고 (병자:362)
- 비록 셜우나 ᄯᅩ <u>빌기ᄂᆫ</u> 못 ᄒᆯ 거시니 믈러가라 ᄒᆞ오시니 (계축하:27)

<기타>

(36)
- 볼셔 이히 진ᄒᆞ여시니 긔별 <u>듯기만</u> 위ᄒᆞ여 ᄇᆞ라나 (병자:150)
- 믈의 술짐과 여윔과 플 <u>먹기만</u> ᄒᆞ며 (마경상:54)
- 이웃지븨 <u>셩조ᄒᆞ기도</u> ᄯᅩ 금긔ᄒᆞ라 (태산:14)
- ᄀᆞ장 취ᄒᆞ엿ᄉᆞ오니 방의 <u>도라가기도</u> 잘 못ᄒᆯ가 너기ᄂᆞ이다 (첩해초3:19)
- ᄯᅩ 대군을 내라 ᄒᆞ오니 망극 ᄀᆞ이 <u>업ᄉᆞᆸ기야</u> 어딕다가 니ᄅᆞ오리잇가 (계축상:30)

- 내 아모리 파려ᄒ다 죵 <u>브리기조차</u> 남이 긔걸ᄒ랴 (계축하:26)
- 오늘은 뎡쉬 안일을 년ᄒ여 <u>브티기나</u> 제 ᄒ여 (병자:218)

(3) 위치말로 기능

위치말로 기능하는 경우는, 홑월의 마침법 활용이 이름법 '-기'로 바뀌어 안은 월에 안기는 마디가 된다. 이때 안긴 이름마디는 안은 월의 위치말로 기능을 한다. '-기 이름마디'가 위치말로 기능할 때에는 토씨 '-예, -에'에 주로 결합하고, '-의'도 결합하는 경우가 있고, 생략되는 경우도 있다. 생략되어 있는 경우 안은마디 풀이말에 '둏다'형이 많이 오는데, 이 경우 이름마디의 풀이말을 임자말로 보기 쉬운데, 임자말로 보기보다는 위치자리토씨가 생략된 위치말로 보아야 하는 경우도 있다.[9]

---

9) 허원욱(2004)에서도 '둏-'의 유형을 설명하였는데, 예문을 통해 보면 다음과 같다.
  · 이 떡은 <u>먹기 둏다</u>
  위 예문에서 '먹기'를 임자말로 설정하여 풀이마디 구조로 분석하기 쉬우나. '이 떡은 먹기에 둏다'라는 월의 위치말로 설정해야 한다. '둏-'라는 상태를 지닌 것은 '먹기'가 아니라 '떡'이기 때문이라고 하였다.

<-예/에>

(37)

- 百姓도 견듸디 못홀 일은 五 日 雜物 <u>드리기예</u> 스나히논 지고 (첩해초4:25)

- 衣服을 ᄒ여곰 빋나고 <u>곱기예</u> 너무 말며 (여훈하:29)

- 重히 傷ᄒ면 絞ᄒ고 <u>죽기예</u> 니ᄅ면 斬ᄒ고 (경민중:3)

- 귀향가고 듕흔 병이 <u>되기예</u> 니ᄅ면 (경민중:10)

- 만일 衣服이 <u>닙기예</u> 足흔 즉 구틔여 箱ᄌ애 ᄀ득게 말며 (여훈상:34)

- 만일 首飾이 <u>쓰기예</u> 足흔 則 (여훈상:34)

- 머구릐밥은 시병 처음 쁨 <u>내기예</u> ᄀ장 됴ᄒ니 (벽온:4)

- 믈의 본명날은 병울 고티며 침 주며 쁨 <u>쓰기예</u> 맏쌍티 아 니ᄒ다 (마경상:49)

- 비록 수황 만나도 반듸시 <u>죽기예</u> 도라가리라 (마경상:34)

- 사오나오믈 ᄇ리고 어딜믈 <u>존기예</u> (경민중:서2)

- 샤修논 <u>사오납기예</u> 큰 거시라 ᄒ니 (여훈하:38)

- 손을 석거 싸화 샹홈이 <u>잇기예</u> 니르게 말라 (경민중:29)

- 슌신이 ᄂᄂ 텰환의 마즌 배 되여 <u>죽기예</u> 님ᄒ여 (동신충 1:90)

- 쏘 셔울셔 返事 <u>출히기예</u> 二 日 三 日이나 ᄒ면 (첩해초 5:9)

- 이러툿 <u>들넛기예</u> 셰ᄌ 대군 보기를 슬희여 두리온 것 보듯 ᄒ니라 (계축상:7)

- 에엿세 <u>녀기기예</u> 두터이 호믄 殘샹ᄒ며 害호미 업스미오
  (여훈하:24)
- 이제 입슈월이며 혀의 죠고만 연고로써 <u>드토기예</u> 니ᄅ며
  (경민중:22)
- 죄인 <u>결단ᄒ기예</u> 當ᄒ야 (경민중:서2)
- 코ᄅ 쯰임은 삼쵸의 열을 셜홈이오 <u>보기예</u> 됴홈을 위홈이
  아니라 (마경상:45)
- 코 쯰이기과 피 ᄲᅢ이기과 블로 <u>지지기예</u> 금긔ᄒᄂ니라 (마
  경상:48)

<토씨 생략>

(38) 쥭 쑤어 비저 닉거든 믈켜 머그면 브은 것 <u>ᄂ기</u> 효험이 인
  ᄂ니라 (구황:10)

안은마디의 풀이말이 '됴다, 깃브다'형일 경우, 이름마디의 풀이말
을 임자말로 보기 쉬운데, 임자말로 보기보다는 위치자리토씨가 생략
된 위치말로 보아야 한다.

(39)
- 오늘 비 오니 졍히 바독 <u>두기</u> 됴타 (박통상:21)
- <u>보기</u> 됴흔 거시 므서시 업스리오 (박통중:2)
- 방올에 잣과 숑지과 불희겁질이 다 됴커니와 닙히야 <u>졀곡</u>
  <u>ᄒ기</u> 됴흐니라 (구황:5)

- 西遊記는 워젼즈런ᄒ니 답답흔 제 <u>보기</u> 됴흐니라 (박통하:17)
- 斗星日은 飮食 어들 날이니 옷 <u>ᄆᆞ르기</u> 됴흐니 (박통중:54)
- 내 몰래라 므스 거시 <u>가져가기</u> 됴흘고 (노걸하:59)
- ᄉ과탕은 힝역 ᄠᅳ리 <u>내붓기</u> ᄀᆞ장 됴흐니 (두창상:22)
- 흔 겨울의 슬마 <u>먹기</u> 됴흐니라 (박통중:34)
- 젼빙목조ㅣ <u>쓰기</u> 편코 죠흐되 (자초:5)
  - 우리 <u>듯기도</u> 더옥 깃브옵데 (첩해초3:27)

<-의>

(40)
- 쳑화ᄒᆞᄂᆞ 의논이 ᄇᆞ야흐로 <u>듧ᄒᆞ기의</u> 보내디 못ᄒᆞ다가 (산성:14)
- 오장이 샹ᄒᆞ여 죽을 거슬 누어셔 <u>지르기의</u> 죽디 아녓노라 ᄒᆞ더라 (산성:113)
- 다만 <u>츌셩ᄒᆞ기의ᄂᆞ</u> 니르딘 고려 젹브터 업슨 일이라 ᄒᆞ고 (산성:84)

(4) 견줌말로 기능

견줌말로 기능하는 경우는, 홑월의 마침법 활용이 이름법 '-기'로 바뀌어 안은 월에 안기는 마디가 된다. 이때 안긴 이름마디는 안은 월의 견줌말 기능을 한다. '-기 이름마디'가 견줌말로 기능할 때에는 토씨가 생략되거나, 토씨 '-와', '-야'와 결합하고 있다. 안은마디의 풀이말이 '굳다, 다르다'일 경우에 견줌말이 올 수 있다.

(41)
- 코히셔 고롬피 흐르고 숨쉬기 톱질ᄒ기 ᄀᆺ튼 이는 (마경상:37)
- 승쪼 츙통 줄늘 두르혀면 곤댱 쓰기와 ᄀᆮ트니라 (연병:25)
- 흔대 사롬이 다 죽기야 다르랴 ᄒ야 싸호더니 (동신충1:2)

(5) 방편말로 기능

방편말로 기능하는 경우는, 홑월의 마침법 활용이 이름법 '-기'로 바뀌어 안은 월에 안기는 마디가 된다. 이때 안긴 이름마디는 안은 월의 방편말 기능을 한다. '-기 이름마디'가 방편말로 기능할 때에는 토씨 '-ᄋ로', '-ᄋ로써'가 대체로 결합하고, 'ᄋ로부터'가 결합하기도 한다.

<-ᄋ로>

(42)
- 내 평싱애 말이 튱실ᄒ기로 오랑캐도 속이디 못ᄒ리라 (산성:21)
- 내 혼혹ᄒ기로 말미아마 스스로 하늘이 치는 거슬 최쵹ᄒ야 (산성:144)

- 네 나라히 교사 <u>반복ᄒ기로</u> 인ᄒ야 이리ᄒ노라 (산성:121)
- 념늇 청 새배 문안 후 약 <u>짓기로</u> 져물게야 드르시다 (병자:380)
- 당 적 션화은 쇼 <u>주기기로</u> 업ᄒ더니 (권념:29)
- 대감이 젼브터 <u>쳑화ᄒ기로</u> 국식 이에 미처시니 (산성:73)
- 뎡묘년 욕을 벗고져 ᄒ다가 목젼의 <u>즐겁기로</u> 허러ᄇ리고 (산성:42)
- 마부대 대쟝이 아직 <u>아니왓기로</u> (산성:21)
- 망일 시ᄉ홉다 약 <u>짓기로</u> 계약관들 세 오다 남참봉 오다 (병자:440)
- 새배 문안후 약 <u>밧기로</u> 져물게야 드르시다 (병자:380)
- 슌마다 ᄒᆫ 냥식 ᄆᆞ이 달혀 머그되 <u>스킈기로</u> 흔을 삼으라 (벽온:5)
- 열ᄒᆞᆯ 청 새배 문안 약 <u>지으시기로</u> 진지 후 나시다 (병자:372)
- 열ᄒᆞᆯ 쳥한 새배 문안 후 약직 <u>밧기로</u> 늣게야 드르시다 (병자:392)
- 적이 쳑화신 아니 <u>보내기로</u> 화친을 허티 아니ᄒ더니 (산성:97)
- 청 새배 문안 후 약 <u>바ᄃ시기로</u> 늣게야 드르시다 (병자:394)
- 티ᄌᆞ 딕신 <u>보내기로</u> 이러니 두림이 가게 되니 (병자:424)
- 황뎨의 <u>고명ᄒ기로</u> 엇디 이를 념녀티 아니리오 (산성:64)

<- 으로써>

(43)

- 당당이 흔 <u>죽기로써</u> 나라흘 가포리라 (동신충1:55)
- 飮食 머글 제 반드시 어론의 後에 호야 비로소 <u>謙讓호기</u> <u>로써</u> フ르치며 (가례2:24)
- 甚흔 者는 <u>奉先호기로써</u> 計교호디 아니코 (가례7:18)
- 能히 말호거든 셜리 <u>딕답기로써</u> フ르치며 (여훈하:28)
- 강원감스 됴뎡희 본도군이 다 못디 <u>못호엿기로써</u> (산 셩:30)
- 내게 더을씨라도 내 모로미 <u>和悅호기로써</u> 딕답호며 (경민 즁:9)
- 녜 뵉셩 フ르치기를 반드시 효도와 <u>공슌호기로써</u> 근본을 삼으며 (경민즁:21)
- 모롬이 히여곰 속이 스뭇도록 므르 슬와 니 <u>업기로써</u> 법을 삼아 (염소:7)
- 모든 쟝슈로 더브러 <u>죽기로써</u> 딕희기를 밍셰호고 (동신충 1:38)
- <u>어딜기로써</u> 사름을 フ르치면 사름이 반드시 感動호야 (경 민즁:30)
- 사름의 盜賊 되오미 다 주리고 <u>칩기로셔</u> 나느니 (경민 즁:16)
- 어제 스신이 적진의 갈 제 <u>칭신호기로써</u> 알외다 호는 말슴 이 (산셩:91)

- 확 등이 <u>죽기로써</u> 듯디 아니ᄒ니 (산성:8)
- 황뎨의 <u>고명ᄒ기로써</u> 엇디 이를 념녀티 아니리오 (산성:56)

<-ᄋ로부터>

(44) ᄯᅩ 믈 <u>밧기로부터</u> 지련 삼렴ᄼ지 니르히 (자초:6)

(6) '-이(라)' 앞의 이름씨로 기능

다음은 '-기 이름마디'가 '-이(라)' 앞의 이름씨로 기능하는 예이다.

(45)
- 믈에 ᄃᆞᆷ가 적셔 입 안해 <u>머금기라</u> (마경하:17)
- 골믹혈을 ᄢᅢ이고 쳥ᄃᆡ산을 입 안해 <u>머곰기라</u> (마경하:16)
- 길흔 즁 흉흔 즁 <u>분변ᄒ기라</u> 의혹입문에 글오ᄃᆡ (두창상:46)
- ᄭᅮᆯ믈애 골라 깁 쟐ᄅᆡ 녀허 믈 입 안해 <u>머금기라</u> (마경하:106)
- 파 흰 밋 ᄒ나 녀허 달혀 머기라 욕욕ᄒ여 <u>토ᄒ기라</u> (두창상:65)
- 힝역홀 제 <u>간슈ᄒ기라</u> (두창하:38)

'-기 이름마디'도 '-ㅁ 이름마디'처럼 모든 월성분으로 기능하고 있다. 모든 월성분의 기능을 하고 있다는 것은 '-기 이름마디' 또한 이름마디로서의 기능을 온전하게 수행하고 있음을 의미한다.

　지금까지 17세기 '-ㅁ 이름마디'와 '-기 이름마디'의 기능(통어론적 제약)을 살펴보았다. 살펴본 결과, 두 유형의 이름마디는 모든 월성분으로 기능하였다. 이를 통해 '-ㅁ 이름마디'와 '-기 이름마디'는 이름마디로서의 기능 수행을 온전하게 하고 있음을 확인할 수 있었다. 즉, '-ㅁ'과 '-기'를 중심으로 한 이름마디의 체계가 17세기에 완결되었음을 보여주는 결과이다. 이와 함께 '-기 이름마디'의 분포를 확인한 결과, '-기 이름마디'가 매우 광범위하게 쓰이고 있었다. 이것은 '-기 이름마디'가 활성화된 시기가 17세기임을 보여주는 것이다.

3. 이름마디의 의미론적 특성 – 풀이말의 씨범주 제약

의미론적 차원에서는 안은마디 풀이말(풀이말1)과 안긴마디의 풀이말(풀이말2)간의 씨범주 제약관계를 파악하여, 17세기의 '-ㅁ'과 '-기'의 의미자질을 파악할 수 있는 근거를 마련하고자 한다. 임자말로 기능하는 경우와 부림말로 기능하는 경우를 살펴보겠다.

3.1. 임자말로 기능하는 경우

임자말로 기능하는 이름마디에서, 이름마디를 안고 있는 풀이말과 이름마디의 풀이말의 제약관계를 살펴보면, 이름마디의 풀이말은 움직씨가 많고, 안은마디의 풀이말은 그림씨가 대부분이다. 이에 대해 허원욱(1993)에서는 다음과 같이 풀이하고 있다. 이름마디의 풀이말에 움직씨가 많은 이유는 우리말의 풀이씨 가운데는 움직씨가 그림씨보다 월등하게 많기 때문이고, 안은마디에 그림씨나 잡음씨가 많은 이유는, 어떠한 사실을 묘사·설명하는 형태가 되므로 자연스러운 연결이 되기 때문이라고 하였다<[풀이말2]-ㅁ이 어떠하다(무엇이다)>. 그래서 움직씨가, 이름마디를 임자말로 가지는 형태는 매우 어색한 월이 된다. 움직씨는 원칙적으로 '실지로 움직일 수 있는 주체', 혹은 '말할이가 움직일 수 있다고 판단한 주체'를 임자말로 가져야 한다. 그런데 이름마디는 '움직임이나 상태를 관념적으로 가리키는 것'이기 때문에 움직임의 주체가 되기 어렵다고 설명하고 있다. 그리고 안은마디의 풀이말에 움직씨가 올 수 있는 경우에 대해 설명하고 있다.

첫째는 움직씨가 그림씨의 성격을 강하게 지니고 있는 경우이고, 둘째는 주체가 움직일 수 있는 것으로 인식되는 경우라고 하였다.[10]

(1) 이름마디:움직씨 - 안은마디:그림씨

'-ㅁ 이름마디'와 '-기 이름마디' 모두 풀이말1은 그림씨, 풀이말2는 움직씨인 경우가 가장 많이 보인다.

<-ㅁ 이름마디>

(46)

- 父母ㅣ 奴ᄒ시미 겨시거든 (경민중:34)
- 우리 벗지어 가미 마치 됴토다 (노걸상:7)
- 너를 구품 은을 주미 엇더ᄒ뇨 (노걸하:57)
- 반두기 디옥애 들로미 이시나 (권념:5)
- 흠쁴 도적질ᄒ미 됴티 아니하랴 (박통하:26)
- 그 겨지비 누이처 씨쳐 정진ᄒ미 오라더니 (권념:23)
- 그듸 이 복을 바다 쏘 정토애 나미 맛당홀싴 (권념:21)
- 나라히셔도 포쟝ᄒ야 賞홈이 잇ᄂ니라 (경민중:1)
- 남음이 이시리라 (노걸하:26)
- 내 정토애 나미 일뎡ᄒ도다 ᄒ고 (권념:15)
- 도로 나게 호미 어루 맛당ᄒ니이다 (권념:9)

---

10) 허원욱(1991)에서, 주체가 움직일 수 있는 것으로 인식되는 경우로, 의인법적인 성격이 강한 예이다. 바룻ㅁ 밀유미 븓 히믈 주도다 (두언16:20)
비리누류미 섯모ᄃ며 (능엄1:42)

- 됴혼 후에 정계을 닷가 디뇨미 또 올치 아니호야 (권념:19)
- 반두시 디옥애 들로미 이시나 (권념:5)
- 비록 죄 범호미 신 근호야 (권념:5)
- 사오나온 일란 드러내미 ᄀ장 사오나온 일이라 (노걸하:40)
- 손을 석거 싸화 샹홈이 잇기예 니르게 말라 (경민중:29)
- 아릭 염왕이 서르 의논호미 오란디라 (권념:2)
- 어딕 그 빅셩으로…죄예 멀게 호미 이시리오 (경민중:서2)
- 예셔 뎨 갊이 당시롱 七八里 씰히 잇고나 (노걸상:54)
- 이야 므슴 어려옴이 이시리오 (노걸하:16)
- 저기 머믈미 이실로다 (노걸하:19)

<-기 이름마디>

(47)
- 구토과 셜샤를 그치기 신긔로이 됴호니 (두창상:66)
- 간이 허호면 눈을 곰고 뒷다리를 옴기기 어렵고 (마경상:34)
- 공동뫼 밧긔 살기 비록 즐거우나 (동신충1:86)
- 官星이 업스니 오직 買賣호기 맛당호고 (노걸하:64)
- 권호는 말이 더욱 듯기 슬타 호오시니 (계축하:18)
- 斗星日은 飮食 어들 날이니 옷 무르기 됴호니 (박통중:54)
- 變의 이른 쳐티호기 어려오니 (여훈하:5)

- 西遊記ᄂᆞᆫ 워전즈런ᄒᆞ니 답답ᄒᆞᆫ 제 보기 됴흐니라 (박통하:17)
- 前은 實ᄒᆞᆫ 효험을 ᄇᆞ라기 어려온디라 (염소:5)
- ᄒᆞᆫᄃᆡ 잇게 ᄒᆞ라 보ᄉᆞᆯ피기 쉽게 ᄒᆞ라 (노걸상:52)
- 그저 그저 우리 ᄉᆞᆲᄂᆞᆫ 양으로 ᄒᆞ시면 ᄆᆞᆺ기 쉬올까 너기ᄋᆞᆸᄂᆡ (첩해초4:22)
- 긔별 듯기 아니 쉽ᄉᆞ올가 ᄒᆞ니 (계축하:2)
- 긔운과 몸이 약ᄒᆞᆫ 이ᄂᆞᆫ 화션ᄒᆞ기 만쌍ᄒᆞ고 (마경상:43)
- 긔운과 몸이 장ᄒᆞᆫ 이ᄂᆞᆫ 슌션ᄒᆞ기 맛쌍ᄒᆞ니라 (마경상:43)
- 내 몰래라 므스 거시 가져가기 됴흘고 (노걸하:59)
- 너모 두터오면 므거워 뻐곰 멀리 가져가기 어려올 거시오 (가례5:6)
- 너브면 옷 지으매 남음이 잇고 또 ᄑᆞᆯ기 쉽거니와 (노걸하:56)
- 네 굽이 ᄆᆞᆯ라 ᄃᆞᆫᄃᆞᆫᄒᆞ여 힝보ᄒᆞ기 어려워 ᄒᆞᄂᆞ니ᄂᆞᆫ (마경하:103)
- 네 믈 깃기 니근 ᄃᆞᆺ ᄒᆞ괴야 내 믈 깃기 닉디 못호롸 (노걸상:31)
- 네 손에 돈 엇기 어렵다 (박통상:65)
- 사ᄅᆞᆷ마다 니기기 쉬오니라 (첩해초9:18)
- 나 여위기 승냥이 ᄀᆞᆺ트나 죽디 아니코 (마경상:30)

(2) 이름마디:그림씨 - 안은마디:그림씨

<-ㅁ 이름마디>

(48)

- 사룸이 <u>어려옴이</u> 잇거든 (박통중:23)
- 父母로 더브러 <u>다루미</u> <u>업스니라</u> (경민중:1)
- 주연히 꾕공한 <u>덛덛홈</u> <u>업스며</u> (권념:4)
- 사룸과 더브러 싸홈이 <u>해로오미</u> 잇고 (경민중:9)
- 곳지 날마다 퓌여 비싀여 <u>크미</u> 수룃박 <u>곧호매</u> 니르고 (권념:24)
- <u>쥰슈홈이</u> 굿고 (박통상:41)

<-기 이름마디>

(49)

- 내 衣裳과 니블 쁜 보흘 다 텨시니 <u>뮐기</u> 내 올흔 곳이 <u>업세라</u> (박통중:56)
- 내 주거도 엇딜고 흔 념이 업스니 <u>깃브기</u> <u>그이업다</u> (병자:318)

(3) 이름마디:움직씨 - 안은마디:잡음씨

<-ㅁ 이름마디>

(50)

- 이 직믄흉비 비단을 너를 닷 냥만 <u>줌이</u> 이 진짓 <u>갑시니</u> (노걸하:25)

- 兄弟의 <u>스랑호오미</u> 긔운이 <u>호가지오</u> (경민중:28)

<-기 이름마디>

(51)
- 나라 일을 힘 <u>쓰기는</u> 대되 <u>同前이오니</u> (첩해초4:4)
- 왕이 글오딕 경을 외와 두로 <u>례호미</u> 진실로 <u>됴흔 일이나</u>
  (권념:21)

위의 예문들을 살펴본 결과, 임자말로 기능하는 이름마디에서는 '-ㅁ 이름마디'와 '-기 이름마디' 둘 다 안긴마디는 움직씨가 많고, 안은마디는 그림씨가 많았다. 이렇듯 '-ㅁ 이름마디'와 '-기 이름마디'는 비슷한 분포 제약을 보이고 있었는데, 결국, 임자말로 기능할 때에는 '-ㅁ 이름마디'와 '-기 이름마디'의 분포상의 특질이 동일하기 때문에 이를 바탕으로 의미자질의 차이를 구별하기가 쉽지 않음을 알 수 있었다.

3.2. 부림말로 기능하는 경우

부림말로 기능하는 이름마디에서, 이름마디를 안고 있는 풀이말과 이름마디의 풀이말의 제약관계를 살펴보면, 이름마디의 풀이말은 움직씨와 그림씨가 오고, 안은마디의 풀이말은 남움직씨가 온다. 남움직씨는 부림말을 이끌기 때문이다.

(1) 이름마디가 움직씨인 경우

이름마디의 풀이말이 움직씨가 오는 경우는 '-ㅁ 이름마디'와 '-기 이름마디' 둘 다 제약이 없다.

<-ㅁ 이름마디>

(52)

- 겨집 스승의 <u>フ른치믈</u> <u>말믜암느니</u> (여훈상:34)
- 國王의 佛法 <u>敬호믈</u> 보고 (박통하:18)
- 그 門에 니른거든 戒홀 바 者ㅣ 나와 <u>보기를</u> 常해 녜フ티 <u>호고</u> (가례3:3)
- 그듸는 샹례 <u>공양호믈</u> 부모 フ티 <u>호샤</u> (권념:10)
- 뎌의 <u>규제호믈</u> <u>어드롸</u> (노걸하:5)
- 들면 오로 업고 완호 믹은 가며 <u>오기를</u> <u>더듸호고</u> (마경 상:19)
- 믈읫 우리 짐들흘 收拾<u>호기를</u> 극진히 <u>호고</u> (노걸상:53)
- 미묘호 법 <u>니른샤믈</u> 보니 (권념:14)
- 父母의 命을 바다는 敢히 <u>어긔믈</u> <u>두디</u> 말디니 (여훈상:40)
- 夫主의 <u>フ른치믈</u> <u>드러야</u> (여훈상:34)
- 夫를 <u>공경호믈</u> <u>아디</u> 아니티 몯홀 거시니 (여훈상:28)
- 비록 順承호는 톄로 호나 안흐로 원망호며 恨<u>호믈</u> 품어시 면 (여훈하:15)

<-기 이름마디>

(53)

- 싁흔 딕은 가며 <u>오기를</u> 쾌히 몯호야 (마경상:19)
- 겨트로 디되 뇌고 텬아호며셔 <u>소릭티기를</u> <u>그치디 아니호</u>
  <u>야</u> (연병:26)
- 고기 ᄀ득호야 슬지매 <u>트기를</u> <u>젹게 호고</u> (마경하:25)
- 곳 노히여 니러 國王의 앏픠 가 <u>고호기를</u> <u>밋디 못호여셔</u>
  (박통하:19)
- 군신들이 <u>드르시기를 쳥호딕</u> (산성:27)
- 군신이 돗 <u>실기를</u> <u>쳥호온대</u> (산성:127)
- <u>굶주리기를</u> <u>근심티 아니호고</u> (경민중:13)
- 가쇽 <u>피란호기를</u> <u>위호야</u> (산성:17)
- 각조산 몔의 흔 즁이 토란 <u>시므기를</u> <u>힘써 호여</u> (보유
  방:15)

(2) 이름마디가 그림씨인 경우

이름마디의 풀이말이 그림씨가 오는 경우는 '-ㅁ 이름마디'는 제약
이 없으나, '-기 이름마디'에서는 제약이 있다.

<-ㅁ 이름마디>

(54)

- 겨레 스랑ᄒ기를 슝샹ᄒ며 ᄆᆞ을헤 즐거오믈 둣거이 ᄒ여 (경민중:25)
- 그 곡셕 踐홈을 미더 (경민중:12)
- 奉承홀 사ᄅᆞᆷ이 업스믈 凶ᄒ야 (여훈하:13)
- 父母 은덕기 하늘로 더브러 크기 ᄀᆞᆺᄐᆞᆯ 닐ᄋᆞ미니 (경민중:22)
- 夫의 아름다온 德이 賢婦의 도으믈 말미암고 (여훈상:41)
- 似續의 賢이 만홈을 求코져 ᄒᆞ미 (여훈상:17)
- 사ᄅᆞᆷ이 덧덧이 그 簡略ᄒᆞ믈 病되이 녀기고 (여훈상:26)
- 엇디 법졔의 자셔하믈 알리오 (경민중:서2)
- 우리 답답홈을 當티 못ᄒᆞ니 (박통중:31)
- 人子의 親을 愛ᄒᆞᄂᆞ 쁘디 이 ᄀᆞᆺᄐᆞᆯ 表ᄒ노니 (여훈상:11)
- 진실로 오늘은 처음으로 극진ᄒ시믈 미더 (첩해초1:5)
- 治化의 아름다오믈 니브며 (여훈상:17)
- 흔디워 쉬요믈 잇긋 ᄒ야든 기ᄃᆞ려 (노걸상:28)

<-기 이름마디>

부림말로 쓰이는 '-기 이름마디' 풀이말2에 오는 그림씨는 '가렵다, 고프다, 섧다, 묽다, 어렵다, 새롭다'의 여섯 가지만 확인하였는데, 풀

이말2에 그림씨가 오는 것이 매우 제한적이다.

(55)

- 그제브터 나시되 <u>ᄀ렵기를</u> 當티 못ᄒ여라 (박통상:13)
- 녯 사름이 가난흔 히예 만히 밀을 머거 빅 <u>고프기를</u> 디내니 (보유방:4)
- 눈물이 흘너 오시 저즈니 엇디 <u>셟기를</u> <u>ᄎᆞ므며</u> (계축하:19)
- 대개 아교는 이 흐린 거슬 즈아 <u>ᄆᆞᆰ기를</u> <u>뷧내ᄂᆞᆫ</u> 거시라 (자초:17)
- 당신이 주라신들 그 <u>셟기를</u> 어딘 <u>ᄀᆞ을ᄒ시며</u> (계축상:38)
- 아이 맛당이 兄을 공경ᄒ야 或 급ᄒ며 <u>어렵기를</u> <u>만난댄</u> (경민중:28)
- 진실노 곡진이 구완ᄒ고 스스로 <u>새롭기를</u> <u>허홀쟉시면</u> (산성:70)

이처럼 '-기 이름마디'가 부림말로 기능할 때, 풀이말2에 올 수 있는 그림씨가 매우 제한적인 까닭은 풀이말1의 대상이 되는 부림말이 동작성 풀이말에 한정될 가능성을 의미한다. 곧 풀이말2에 상태나 느낌의 풀이말이 올 경우 '-기'가 제약되는 것은 '-기'의 의미자질이 [-상태, -느낌]과 관련이 있기 때문이다.11). 17세기의 경우에도 부림말 기능을 하는 이름마디의 그림씨 풀이말2가 제한적이라는 사실은 '-

---

11) 현대국어의 경우 '가렵다', '서럽다'와 같은 풀이말2의 '-기' 결합 형태는 부림말로 쓰일 경우 어색한 표현으로 보인다. 예를 들어 '*사람들은 서럽기를 싫어한다'는 어색한 월이나 '사람들은 서러움을 싫어한다'는 자연스러운 월이다.

기'의 의미자질이 이 시기에도 [-상태, -느낌]을 갖고 있음을 의미한다.

정리하면, '-ㅁ'과 '-기'의 의미 특성을 파악하기 위해 안은마디 풀이말(풀이말1)과 안긴마디의 풀이말(풀이말2) 간의 씨범주 제약관계를 파악하였다. 임자말로 기능하는 경우는 '-ㅁ'과 '-기'의 제약관계가 비슷하게 나타났으나, 부림말로 기능하는 경우에는 '-ㅁ'보다 '-기'가 더 제약을 보였다. 임자말로 기능하는 경우에는 '-ㅁ'과 '-기'가 비슷한 제약관계를 갖는데, 풀이말1은 주로 그림씨가 많고, 풀이말2는 움직씨가 많았다. 부림말로 기능하는 경우에는 '-ㅁ 이름마디'는 풀이말2에 움직씨와 그림씨가 제약 없이 오는데, '-기 이름마디'는 풀이말2에 움직씨는 제약 없이 오고 있으나, 그림씨는 매우 제한적으로 나타난다. 이는 '-기'의 의미자질이 [-상태, -느낌]과 관련이 있기 때문일 것이다.

4. 정리

17세기의 이름마디는 '-기 이름마디'가 활성화됨으로써 '[풀이말2-ㅁ/기] 풀이말1'의 분포가 현대국어에 준하는 체계를 갖춘다. 이를 검증하기 위해, 17세기 이름마디의 형태·통어·의미론적 제약관계를 살펴보았다. 내용을 정리하면 다음과 같다.

먼저, 형태론적 특징은 '-ㅁ 이름마디'와 '-기 이름마디'의 문법범주 제약을 통해 확인하였는데, 두 유형의 이름마디는 문법 범주의 제약 정도가 유사하였다. 둘 다 때매김법과 높임법의 안맺음씨끝을 앞세우며, 굴곡가지로서의 역할을 잘 수행하고 있었다. 이를 통해, 17세기에 이르러 현대국어에 준하는 이름법 체계가 확립되었음을 알 수 있었다.

다음으로, 17세기 '-ㅁ 이름마디'와 '-기 이름마디'의 기능(통어론적 제약)을 확인하였다. 확인한 결과, 두 유형의 이름마디는 모든 월 성분으로 기능하였다. 이를 통해 '-ㅁ 이름마디'와 '-기 이름마디'는 이름마디로서의 기능 수행을 잘 하고 있음을 파악할 수 있었다. 즉, '-ㅁ'과 '-기'를 중심으로 한 이름마디의 체계가 17세기에 완결되었음을 보여주는 결과이다. 이와 함께 '-기 이름마디'의 분포를 확인한 결과, '-기 이름마디'가 매우 광범위하게 쓰이고 있었다. 이것은 '-기 이름마디'가 활성화된 시기가 17세기임을 보여주는 것이다.

마지막으로, 의미론적 차원에서는 안은마디 풀이말(풀이말1)과 안긴마디의 풀이말(풀이말2) 간의 씨범주 제약관계를 파악하였다. 임자말로 기능하는 경우는 '-ㅁ 이름마디'와 '-기 이름마디'의 제약관계가 비슷하게 나타나는데, 풀이말1은 그림씨가 많고, 풀이말2는 움직씨가 많았다. 부림말로 기능하는 경우는 '-ㅁ 이름마디'보다 '-기 이름마디'가 더 제약을 받았다. '-ㅁ 이름마디'는 풀이말2에 움직씨와 그림씨가 제약 없이 오는데, '-기 이름마디'는 풀이말2에 움직씨는 제약 없이 오나, 그림씨는 매우 제한적으로 나타났다. '-기 이름마디'에서 풀이말2에 올 수 있는 그림씨가 매우 제한적인 까닭은 풀이말1의 대상이 되는 부림말이 동작성 풀이말에 한정될 가능성을 의미한다. 곧 풀이말2에 상태나 느낌의 풀이말이 올 경우 '-기'가 제약되는 것은 '-기'의 의미자질이 [-상태, -느낌]과 관련이 있기 때문일 것이다

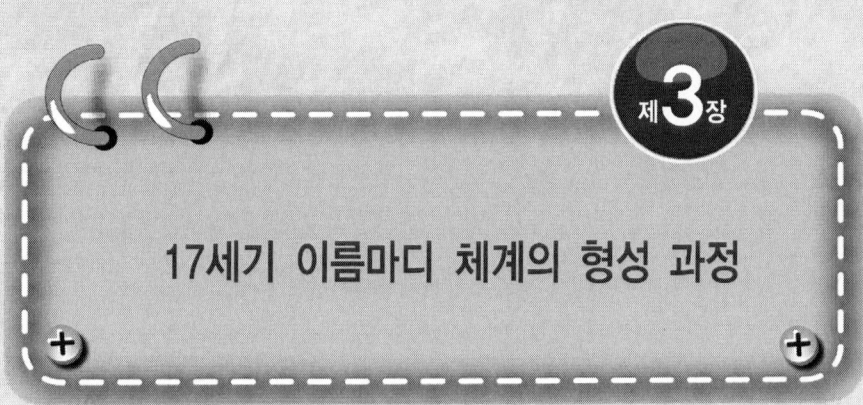

제**3**장

17세기 이름마디 체계의 형성 과정

17세기 이름마디의 두드러진 특징은 '-옴'과 '-음'의 분포이다. 이는 앞선 시기 이름마디 구성에 관여했던 '-오-'의 소멸과 밀접한 관계가 있다. 전정례(1991)에서는 '-오-'를 이른바 '명사구 내포문 표지'로 설정한 바 있다. 이 점에서 '-오-'의 소멸로 인한 '-옴, -음' 이름마디 구성의 약화는 이름마디 구조에서 '-ㅁ 이름마디'의 위축, '-기 이름마디'의 활성화, '이름마디 구조의 다른 구조로의 대체' 등의 여러 변화를 가져오게 된다. 즉 '-오-'의 소멸은 이름마디 체계의 변화를 가져오게 되는데, 이러한 변화의 과정을 통해 이름마디 체계가 형성되어 온 것이다. 그래서 3장에서는 17세기 이름마디 체계가 형성되는 과정을 '-오-'의 소멸 과정을 통해 설명하려고 한다.[12]

---

12) '-오-'의 소멸과 이름마디의 변천에 대한 관련성을 제시한 논의는 전정례(1991)와 손주일(1996)에서도 확인할 수 있다. 전정례(1991)를 보면, '-옴'명사화 구성 약화 원인에 대해 '-기'의 활발한 사용과 관련 있다고 설명하고 있다. '-기'는 명사구 내포문 표지인 '오'의 소멸에 중요한 역할을 담당하였는데, '-기'의 활발한 사용은 '옴'명사화 구성을 약화시켰다는 것이다. 손주일(1996)을 보면, '-ㄴ, -ㄹ'형의 관형화 현상이 이름마디의 변천과 관련이 있다고 설명하고 있다. 두 견해의 공통점은 '-옴' 이름마디의 위축은 '-오-'의

1. '-오-'의 소멸

1.1. '-오-'의 소멸과 '-옴'구성의 약화

이름마디 구성에 관여했던, '-오-'의 기능 약화와 소멸은 이름마디 체계에 변화를 가져오는 주요 원인이었다고 볼 수 있다.[13] '-오-'만 단순히 없어지고, '-오-'를 포함한 구조에는 아무런 변화의 모습이 보이지 않았다면 '-오-'의 소멸과 이름마디의 체계의 변화와의 상관성을 살펴볼 필요가 없을 것이다. 그러나 '-오-'가 소멸하면서 이름마디 체계에서 변화의 모습이 보이기 시작한다. 15세기 이름마디에서는 항상 '-오-'를 선접했던 구조가 16세기 이후에는 '-오-'를 포함하지 않는 구조도 나오게 되고, 이와 더불어 파생의 가지처럼 기능하던 '-기'가 이름마디를 형성하는 굴곡의 가지로의 기능도 하게 된다. 이렇듯 '-오-'의 소멸은 단순한 문제가 아니고, 이름마디 변천과 관련해서 매우 중요한 문제인 것이다. 그래서 '-오-'의 소멸을 살펴보지 않을 수 없다.

이 절에서는 '-오-'의 소멸의 과정을 '-옴/-음'구성의 약화라는 관점에서 서술하게 될 것이다. '-오-'는 본래 이름씨 특성이 강한 구성에 선접한 형태소였는데, 이름씨 특성이 약한 구성에서는 '-오-'가 선접하지 않고, 소멸하게 되는데 이 과정에서 이름마디 체계가 형성되어 왔음을 증명할 것이다. 전정례(1991)에서도 '-오-'의 소멸과 이름

소멸과 관련이 있다는 것이다. '-오-'의 소멸은 '-옴' 이름마디의 위축을 가져 왔고, 그 결과 '-기'와 '-ㄴ/ㄹ 것' 구조가 '-옴'을 대체하였다는 것이다.

13) 지금까지 '-오-'에 대한 연구는 형태, 통어론적 접근, 의미론적 접근에서 화용론적 접근까지 시도되고 있으며, 언어 이론의 배경에 있어서도 구조 문법에서 생성 문법 등으로 발전해 가고 있다. ['-오-'에 관한 앞선 연구는 전정례(1995:9-22) 참고]

씨 특성을 가진 구성과의 관련성을 설명하고 있다. 전정례(1991)를 요약·정리하면 다음과 같다.

'-오-'의 소멸은 15세기 국어에서 관형화 구성의 의존명사 구문 가운데 부사성·서술성 의존 명사와 부사구(ADVP)를 구성하는 시간, 장소, 이유 등을 나타내는 자립명사 앞에서 시작된다.[14] 16세기 이후에는 '-오-'의 소멸이 확산되어 보편성 의존명사 앞이나 자립명사 앞에서도 '-오-'가 소멸하며, 명사화 구성의 '-ㅁ' 앞에서도 소멸하게 된다.

'-오-'는 명사구를 구성하는 표지로서 기능하는 형태소이므로 부사구 구성에는 나타나지 않는 것이 원칙이다. 그래서 명사성이 약한 의존 명사 구문에서 NP>ADVP의 변화가 일어나고 있었으며, 이러한 변화의 과정에서 '-오-'는 소멸되어 가고 있었다.[15]

15세기 국어에서 부사성·서술성 의존 명사에는 이미 '-오-'가 나타나지 않았으나, 보편성 의존 명사에는 '-오-'의 출현이 필수적이었다. 그러나 16세기 이후에는 이러한 보편성 의존명사 앞에서까지 '-오-'의 소멸이 확산된다.

---

14) 전정례(1991)의 의존명사 분류를 보면 다음과 같다.
 ㄱ. 보편성 의존명사 : 것, 바, 곧('것'), 이, , 줄, 닷, 양①
 ㄴ. 부사성 의존명사 : 양②, 적(제), 숯, 덛, 만, 쑨①
 ㄷ. 서술성 의존명사 : 쑨②, 쏘롬

15) 전정례(1991)에 의하면 '-오-'의 형태소적 분포에 대한 기준은 '-오이다'와 '-오딕'를 제외한 모든 형의 '-오-'가 동명사형 어미 '-ㅁ, -ㄴ, -ㄹ' 앞에 나타남을 보이고, 형태소 '-오'의 분포를 동명사형 어미 앞이라 제시하였다. 두 예외에 대한 설명으로는, '-오이다'는 '-오라'에 선어말어미 '-이-'가 선접된 것이므로 동명사형어미와 관련된 형태소적 분포에서는 문제가 되지 않으나, '-오딕'의 경우는 동명사형 어미와 관련하여 '-오-'의 형태소 분포를 설정할 때 문제가 됨을 지적하고, 이에 대한 설명으로는 중세국어의 의존명사 '딕'가 어미화하는 과정에서 '-딕' 앞에 존재하였던 관형형어미가 탈락하였을 가능성을 제시하였다. 즉, 선어말 어미 '-오-'는 기본적으로 '-옴, -온, -올'의 형태를 취하는데, 이 중에서 명사 '딕' 앞에 올 수 있는 것은 통합소로서의 관형형어미 '-ㄴ'이나 '-ㄹ'이며, '선어말어미 {-오-} + 관형형어미 {-ㄴ /-ㄹ} + 의존명사 {딕}'의 통사론적 구성을 이루던 것이 '딕'의 어미화와 함께 형태론적 구성으로 결합하는 과정에서 관형형어미가 탈락하였을 가능성을 제시하였다. 중세국어에서 이미 '두' 계열의 의존명사(디, 딕, 둘, 돈, 돗)는 어미화하였으며, 다만 '-오딕'에서는, 다른 의존명사의 어미화 과정과는 다르게, 선어말어미 '-오-'가 그대로 유지된 것이라고 설명하였다.

(56)

ㄱ. 거슬뜬 <u>양</u> ᄒᄂᆞᆫ 難이어나 (월석9:54)

웃사ᄅᆞᆷ두고 <u>더은 양</u> 하야 (석보9:14)

알ᄑᆡ <u>니르던 양</u> 다히 (석보9:33)

부텨 <u>겨신 적</u>과 ᄡᅢᄌᆞᆺᄒᆞᆯ씨라 (능엄1:2)

ᄒᆞ마 <u>주글 쩰</u> 디러 (법화2:222)

내 지븨 <u>이싫 저긔</u> 여듧 나랏 王이… (석보6:7)

지ᄇᆞ로 <u>도라오싫 제</u> 열의… (용가:18)

南北東西예 <u>그츤 스치</u> 업거늘 (남명상:13)

ᄆᆞᅀᆞ매 <u>그츨 슷</u> 업시 (능엄7:23)

밥 <u>머글 덛</u>만 너기더니 (법화1:106)

하ᄂᆞᆯ해 <u>날 만</u> 커니와 (능엄8:73)

모맷 ᄯᅴ <u>드올 만</u> ᄒᆞᄂᆞ니라 (내훈1:11)

오직 能히 외와 <u>니를 ᄯᆞᆯ</u> ᄒᆞ고 (금강서:9)

道애 나ᅀᅡ <u>갈 만</u> ᄒᆞ라 (능엄6:108)

ᄒᆞᆫ갓 뮈다 <u>홀 ᄯᆞᆯ</u> 하면 (월석2:14)

사ᄅᆞ미 제 몸 <u>닷ᄀᆞᆯ ᄯᆞᆯ</u> ᄒᆞ고 (석보13:36)

빋를 브르게 홀 <u>ᄯᆞᆯ</u>이로다 (두언8:27)

ᄒᆞᆫ갓 말ᄊᆞ미 <u>이실 ᄯᆞᆯ</u>이언뎡 (능엄3:71)

즉자히 도로 니저 <u>ᄀᆞᆺ블 ᄯᆞᆯ</u>이니 (석보6:11)

그 마리 理예 <u>至極홀 ᄯᆞᄅᆞᆷ</u>이오 (원각서:9)

ㄴ. 네 <u>득혼 거슨</u> 滅이 아니니 (법화3:198)

神力의 <u>化ᄒᆞ샨 거슨</u> 밧 쳔량애 남디 몯ᄒᆞ니 (법화

6:144)

믈읫 사ᄅᆞ미뼈 사름 ᄃᆞ외옛ᄂᆞᆫ 바ᄂᆞᆫ… (내훈1:18)

一切가 信ᄒᆞᄂᆞᆫ 바이라 (법화1:120)

아ᄂᆞᆫ 인 내 兄 의 子息이오 (내훈3;52)

이 사ᄅᆞ믄 如來 브류ᇙ 이이며 (법화4:76)

眞如法이 하나히로ᇙ 주를… (능엄4;13)

妄想ᄋᆞᆯ 쓰ᄂᆞᆫ 닷일ᄊᆡ니 (능엄1:43)

사ᄅᆞ미…모ᄃᆞᆫ 일 지ᅀᅳᆫ 다ᄉᆞ로 (월석1:46)

十方앳 道理 ᄒᆞᆫ 가지로ᇙ 고ᄃᆞᆯ 니르시니라 (석보13:50)

달히…得ᄒᆞ얫ᄂᆞᆫ 고ᄃᆞᆯ 보며 (석보19:32)

ㄷ. 져믄 비홀 사ᄅᆞ미 모로매 몸져 ᄒᆞ욬 배라 (번소6:8)

졈어서 비홀 이 맛다히 몬져 호ᇙ 배니라 (소학5:8)

이 내의 키 아쳗ᄂᆞᆫ 배니 (번소6:13)

이 내의 크게 아쳐ᄒᆞᄂᆞᆫ 배니 (소학5:11)

兄이 뼈 兄이 되ᄂᆞᆫ 바와 (동몽:8)

사ᄅᆞᆷ의 도리예 본듸 읻ᄂᆞᆫ 배라 (동몽:13)

그듸 ᄒᆞ고져 ᄒᆞᄂᆞᆫ 바ᄅᆞᆯ 홈이 도로혀 쉽디 아니하녀
(소학4:32)

믈잇 사ᄅᆞᆷ의뼈 사름 되연ᄂᆞᆫ 바ᄂᆞᆫ 禮와 義니 (소학3:9)

君子ㅣ 道애 貴히 너기ᄂᆞᆫ 배 세히니 (소학3:9)

庸ᄒᆞᆫ 言을 謹ᄒᆞ야 不足ᄒᆞᆫ 배 잇거든 (중용:12)

도즉ᄃᆞᆯ히 네의 쳔 이시며 쳔 업ᄉᆞᆫ 주를 엇디 알리오
(번노상:27)

뎌 人家ㅣ 사르미 만흔 주를 보면 (번노상:46)

져기 스거운 주리 잇다 (번노상:22)

덕예 그고 돈 주를 일쿳더라니 (이륜:39)

듕샹이 궁박흔 줄을 어엿쎄 너겨 (이륜:37)

孟子ㅣ 性이 어딘 줄을 닐ㅇ샤듸 (소학4:1)

ㄹ. 닐온 바 겨실 제 그 공경을 닐위다 홈은 (경민중:33)

　　오직 제 싱각ㅎᄂ 거슬 머기면 (태산:13)

　　셰샹이 무당 밋ᄂ 거시 (두창:9)

　　두챵이 홍ᄌ흐며 혹함ㅎ난 거슬 다 고티ᄂ니라 (두
　　창:19)

　　그 슝尙ㅎᄂ 밧 ᄣᅢ예 쓰ᄂ 바 物로뻐 큰 盤으로뻐 밧드
　　러 (가례 1:31)

　　비로소 先師의 뼈곰 舊說의 曲裾를 ᄇ리신 바 ᄠᅳ들 알
　　고 (가례1:41)

　　튀긔 인ᄂ 줄 아라든 (태산:12)

　　그듸 말리 올흔 줄을 아로듸 (두창:12)

　　(56ㄱ)은 15세기 부사성·서술성 의존 명사에서 '-오-'가 나타나지
않은 예이고, (56ㄴ)은 15세기 보편성 의존 명사의 예인데, '-오-'의
출현이 필수적이었다. (56ㄷ)은 16세기 보편성 의존 명사 앞에서 '-오
-'의 소멸이 확산된 예이다. (56ㄹ)은 17세기 자료인데, 보편성 의존
명사 앞에서 화석화된 몇 가지 예를 제외하고는 '-오-'가 소멸한다.
결국 명사성이 강한 보편성 의존 명사 앞에서 '-오-'가 소멸하는 시

기가 늦어졌다.

의존 명사 구문이 15세기 국어에서 NP>ADVP의 변화로 이미 '-오-'를 취하지 않는 예가 많았음에 비하여 자립 명사의 관형화 구성에는 시간, 장소, 이유 등의 부사절 구성을 제외하면 '-오-'의 선접이 거의 필수적이었다. 이는 자립 명사가 의존 명사에 비해 명사성이 강하기 때문에 '-오-'를 유지하려는 경향이 강한 것으로 설명할 수 있다. 그러나 16세기 이후의 자료에서는 자립 명사 앞에서도 '-오-'의 소멸이 시작되어 확산되는 것을 볼 수 있다.

(57)
ㄱ. 빅셩이 <u>자뱃논</u> 常性이라 (번소6:1)
빅셩의 <u>자밧논</u> 덛덛흔 거시라 (소학5:1)

ㄴ. 이베 <u>굴히욜</u> 마리 업스며 (번소6:13)
입에 <u>굴힐</u> 말이 업스녀 (소학5:13)

ㄷ. 이 믈 우희 <u>시론</u> 아니한 모시뵈도 (번노상:8)
이 믈쎄 <u>실은</u> 져근 모시뵈도 (노걸상:7)

ㄹ. 밤마다 <u>먹논</u> 딥과 콩이 (번노상:12)
밤마다 <u>먹느</u> 딥과 콩이 (노걸상:11)

위의 (57ㄱ~ㄹ)은 16·17세기 자료에서 '-오-'가 자립명사 앞에서도 소멸되고 있는 예이다.

이상을 정리해 보면, '-오-'는 매김마디 구조의 매인이름씨 구성에서 소멸하기 시작하여, 16세기 이후에는 매김마디 구조의 완전 이름씨 구성에서도 소멸됨을 확인할 수 있다. 즉, '-오-'는 이름씨의 특성이 강한 구성에 선접되는 안맺음씨끝인데, 이름씨의 특성이 강하지 않은 매김마디 구조에서 '-오-'의 소멸이 확산되었다고 볼 수 있다. 17세기 국어에서는 '닐온', '홀' 등의 형태만 남아 있다.

(58)

　　<u>닐온</u> 바 병에는 그 근심을 닐위다 홈은 (경민중:35)

　　<u>닐온</u> 즈식이 어버이 봉양ᄒ기를 (경민중:34)

　　<u>닐온</u> 사름이 能히 어버이를 봉양ᄒ면 곳 이 부텨를 봉양ᄒ미니 (경민중:34)

　　수리 조차 나ᄋ락 므르락 호ᄃᆡ 각각 제 <u>홀</u> 일둘ᄒᆞᆯ 보아 ᄒ라 (연병:25)

위의 예들은 '-오-'가 관용적인 사용에 의하여 화석화하여 남아있는 형태로 볼 수 있을 것이다.

매김마디의 매인이름씨 구성에서 소멸되기 시작한 '-오-'의 소멸은 이름마디 구조까지 확산되는데, 16세기 이후에는 이름마디 구조에서 '-오-'의 소멸의 모습이 보인다. 그러나 이름마디 구조의 '-오-'의 소멸은 매김마디 구조의 '-오-'의 소멸과는 정도성에서 차이가 있다. 매김마디 구조에서는 16세기에 '-오-'가 대부분 소멸되는데, 이름마디 구조에서는 17세기에도 소멸된 형태와 소멸되지 않고 나타나는 경우가 공존하고 있다. 이것은 이름마디 구조가 매김마디 구조보다 이름씨의 특성이 강하기 때문일 것이다. 전정례(1991)에서도 이름씨의 특성의 정도에 따라 이름마디 구조가 매김마디 구조보다 이름씨의 특성이 강하기 때문에 '-오-'의 소멸 시기가 더 늦다고 설명하고 있다. 다음은 17세기 국어의 이름마디 구조에서 '-오-'가 소멸된 예와 소멸되지 않고 남아 있는 예이다.

(59)

   ㄱ. 닉일은 구룸 브트미 됴쏘오니 (첩해초6:13)

      父母로 더브러 다르미 업스니라 (경민중:1)

      어디 漢語 니롤을 잘ㅎㄴ뇨 (노걸상:2)

      엇디 뎌의 보채롤 바드리오 (박통하:60)

      小學에 들으믈 ㄱᄅ쳐 (여훈하:28)

      聖母ㅣ 법ㅎ시믈 한 몸으로써 법이 되샤 (여훈상:9)

      ᄆᄋᆷ 브티시믈 미더습니 (첩해초1:4)

      진실로 오늘은 처음으로 극진ㅎ시믈 미더 (첩해초1:5)

      긔운이 심흉에 막키믈 인연홈이라 (마경상:54)

   ㄴ. 반ᄃ기 디옥애 들로미 이시나 (권념:5)

      홈쯰 도적질호미 됴티 아니하랴 (박통하:26)

      貞靜ᄒᆫ 덕을 일오미 어려오니 (여훈상:41)

      小學 글이 傳호미 업거늘 (여훈상:26)

      녜 敎호미 반ᄃ시 方이 이셔 (여훈상:26)

      뎌의 규제홈을 어드롸 (노걸하:5)

      혼디위 쉬요믈 잇긋 ᄒ야든 기ᄃ려 (노걸상:28)

우리 <u>답답홈을</u> 當티 못ᄒ니 (박통중:31)

國王의 佛法 <u>敬호믈</u> 보고 (박통하:18)

사기ᄂᆞᆫ 工쟝이 <u>일오믈</u> 告ᄒ여ᄂᆞᆯ (여훈상:7)

(59ㄱ)은 '-오-'가 소멸된 예이고, (59ㄴ)은 '-오-'가 소멸되지 않고, 선접해 있는 예이다. 이를 통해 이름마디 구조의 '-오-' 소멸이 매김마디 구조의 '-오-' 소멸보다는 늦고, 매김마디 구조에서는 '-오-'가 거의 소멸하였으나, 이름마디 구조에서는 '-오-'가 소멸하지 않고 남아 있다는 것은 이름마디 구조가 매김마디 구조보다 이름씨의 특성이 강하다고 볼 수 있을 것이다.

'-오-'의 소멸은 '-ㅁ 이름마디'의 위축의 원인으로 작용한다. 15세기 국어에서는 '-오-'의 선접이 필수적이었던 '-ㅁ 이름마디'가 16세기부터 흔들리기 시작하여, '-오-'의 소멸의 모습이 보이기 시작한다. 16세기 같은 자료에서도 '-오-'를 선접한 형과 '-오-'를 선접하지 않은 형이 공존하고 있다. '번역소학(1518)'과 '소학언해(1587)'를 비교하면 다음과 같다.

(60)

일 아ᄂᆞᆫ 사ᄅᆞ미 더러이 <u>너교미</u> 두외ᄂᆞ니라 (번소6:26)

유식ᄒ니의 더러이 <u>너김이</u> 되ᄂᆞ니라 (소학5:24)

(61)

孔子ㅣ 법도로 <u>ᄀᆞ라츄믈</u> (번소6:23)

孔子ㅣ 일홈 지어 <u>ᄀᆞ라치시믈</u> (소학5:21)

(62)

사르미 비홈 의쇼믈 아쳐러홀시라 (번소6:18)

늠이 비홈 의심을 아쳐ᄒᆞᄂᆞ니라 (소학5:17)

(63)

의 ᄆᆞᅀᆞᆷ 요동 아니 호미 (번소6:10)

내의 ᄆᆞᄋᆞᆷ 요동 아니 홈이 (소학5:9)

(64)

어마니믜 ᄉᆞ랑ᄒᆞ샤미 (번소6:10)

엄의 ᄉᆞ랑홈이 (소학5:9)

(65)

顔子ㅣ 로ᄒᆞ욤 다른 ᄃᆡ 옴기디 아니 호믈 (번소6:9)

顔子의 노 옴기디 아니홈을… (소학5:9)

(66)

지블 正히요매 시작일ᄉᆡ (번소6:7)

집을 정홈애 비르슴이라 (소학5:7)

(67)

일워셰유미 어려오믄 ᄒᆞᄂᆞ래 올옴 ᄀᆞᆮ고 (번소6:20)

일우셰윰이 어려옴은 ᄒᆞᄂᆞᆯ애 올옴 ᄀᆞᆮ고 (소학5:19)

(68)

몬져 홈만 ᄀᆞ트니 업스니라 (번소6;21)

몬져 홈만 ᄀᆞ트니 업스니라 (소학5:20)

(69)

브즈러니 홈만 ᄀᆞ트니 업스니라 (번소6:21)

브즈러니 홈만 갇트니 업스니라 (소학5:20)

(70)

사ᄅᆞ미 날 어딘 줄 아디 몯 호ᄆᆞ란 분별 마오 (번소6:22)

사ᄅᆞᆷ이 아디 몯 호ᄆᆞ란 분별 마오 (소학5:20)

(71)

어딘 사ᄅᆞᆷ 도의디 아니 호미 (번소6:32)

君子ㅣ 되디 아니 홈은 (소학5:30)

(60)~(65)는 '-오-'가 소멸된 예이고, (66)~(71)은 '-오-'가 소멸되지 않은 예이다. 이렇게 '-오-'를 선접한 형과 '-오-'를 선접하지 않은 구성이 동시에 나타나고 있다는 것은 '-ㅁ 이름마디'에 변화가 왔음을 의미한다. 즉, 안정되게 이름마디로서의 기능을 하고 있던 '-ㅁ 이름마디'에 틈이 보이기 시작한 것이라고 볼 수 있다. 이 틈은 다른 세력이 들어올 수 있는 여지를 만들어 준다.

'-오-'의 소멸은 또한, '-오+ㅁ'형을 '-ㅁ'형으로 교체하게 하면서 '-ㅁ 이름마디'의 위축을 가져온다. '번역박통사(16세기 초)'와 '박통

사언해(1677)’, ‘번역노걸대(16세기 초)’와 ‘노걸대언해(1670)’를 비교
하면 다음과 같다.

(72)

ᄆᆞ슴 슐히 오ᄅᆞ디 아니ᄒᆞ리오 닐오미 올타 (번박상:22)

ᄆᆞ슴아라 슐이 오ᄅᆞ디 아니ᄒᆞ리오 니름이 올흐니 (박통
상:21)

(73)

형뎨 사모매 맛당티 아니ᄒᆞ다 (번박상:25)

弟兄 지음이 맛당티 아니ᄒᆞ니 (박통상:23)

(74)

ᄊᆞ 이 ᄒᆞᆫ 디위 마조믈 니버도 올토다 (번박상:36)

ᄊᆞ 이 ᄒᆞᆫ 디위 마즘을 니버도 올흐니라 (박통상:33)

(75)

골픈 제 ᄒᆞᆫ 입 어더 머구미 (번노상:43)

골픈 제 ᄒᆞᆫ 입 어더 먹으미 (노걸상:39)

(76)

네 의심 말오 흥졍 ᄆᆞ초미 므던ᄒᆞ다 (번노하:60)

네 의심 말고 흥졍 ᄆᆞᆺ츰이 무던ᄒᆞ다 (노걸하:54)

(77)

머구미 브르녀 아니 브르녀 (번노상42)

머금이 브르냐 아니 브르냐 (노걸상:38)

(78)

엇디 漢語 닐오미 잘 ᄒᆞᄂᆞ뇨 (번노상:2)

엇디 漢語 니름을 잘 ᄒᆞᄂᆞ뇨 (노걸상:1)

(79)

네 닐오미 올타 (번노상:11)

네 니르미 올타 (노걸상:10)

(80)

사오나온 일란 펴내요미 ᄀᆞ장 사오나온 이리라 (번노하:44)

사오나온 일란 드러내미 ᄀᆞ장 사오나온 일이라 (노걸하:40)

(81)

이제 시개 닷 도내 ᄒᆞᆫ 근시기니 므슴 혜아료미 이시리오
(번노하:57)

이제 시개 닷 돈에 ᄒᆞᆫ 근식이니 므슴 혜아림이 이시리오
(노언하:51)

(82)

큰 형님 니르샤미 올ᄒᆞ시이다 (번노상:41)

큰 형의 <u>니름이</u> 올타 (노언상:37)

위의 (72)~(82)의 예들은 '-오-'가 소멸되면서 '-ㅁ 이름마디'가 '-오+ㅁ>-ㅁ'이 된 것들이다. '-ㅁ 이름마디'가 '-오+ㅁ>-ㅁ'이 되었다는 것은 이름마디의 안정적인 구조가 불안정한 구조로 변화되었음을 의미한다. 정리하면, '-오-'의 소멸이 '-ㅁ 이름마디'의 위축을 가져왔다고 볼 수 있는 것이다. '-오+ㅁ'이 '-ㅁ'으로 위축되는 결과만 가져오는 것은 아니다. '-오+ㅁ'의 위축은 또 다른 변화의 결과를 가져온다. 변화된 모습을 유형화할 수 있는데, 첫째는 '-오+ㅁ>(-ㅁ)>-기' 유형, 둘째는 통어론적 구성으로 변화된 '-오+ㅁ>(-ㅁ)>-ㄴ 것'과 '-오+ㅁ>(-ㅁ)>통어론적 구성' 유형, 셋째는 어찌말과 이름씨로 대체된 유형이다.16) 3가지 유형은 3.1, 3.2에서 자세히 살펴보도록 하겠다.

1.2. 15세기~16세기 '-ㅁ 이름마디'

(1) 15세기 '-ㅁ 이름마디'

15세기는 '-ㅁ'에 의해 주로 이름마디가 만들어졌으며, '-기'와 '디'에 의해서도 이름마디가 만들어졌다.17) 생산성이 높았던 '-ㅁ'에 의

---

16) 전정례(1991, 1995)에서는 '-오-'의 소멸 이후 '-ㅁ'에 의한 명사화구성의 출현이 국어의 통사 구조에서 위축되어 나타나고 있음을 밝히고 있다. '-옴'명사화 구성은 '-오-'의 소멸로 인한 명사성의 약화로 '-옴'형이 부사형 어미 '-디, -어' 등으로 부사화하는 경우도 있고, '-오-'의 소멸과정을 거쳐 부사화 하기도 하고, '-옴'명사화 구성이 단순히 명사로 교체되기도 하며, 명사화 구성이 관형화 구성으로 바뀌는 경우도 있다고 보았다. 이러한 여러 형태의 통어 구조의 변화는 '-오-'의 소멸과 관계가 있는 것으로 보이는데, '-오-'의 선접과 함께 이름마디 구성을 빈번히 이루었던 국어의 통어 구조가 '-오-'의 소멸과 함께 위축을 받은 것임을 확인시켜 주는 것이다.

17) '-디' 이름마디의 예이다. 임자말로 기능하는 예만 보인다. 안은마디의 풀이말은 '어렵다' 가 사용된 예만 보인다.

한 이름마디는 '토씨'와 '-이(라)' 등과 결합하여 하나의 월성분으로 기능하였고, 항상 '-오-'를 선접하였다.

① 임자말로 기능

토씨 '-은, -이'와 결합하여 임자말로 기능한다. '-오-'를 항상 선접한다.

(83)

- 어버이 子息 스랑호미 아니흔 스시어니와 (석보6:3)
- 夫人이 며느리 어드샤미 溫和히 사라 (석보6:7)
- 道ㅣ 더 크니 업스샤미 무상이오 (법화1:37)
- 理ㅣ 玉과 돌콰이 달오미 업수딩 (내훈서:3)
- 그 모미 주거도 아디 몯 호미 곧ᄒ니 프다 (내훈1:20)
- 羽旗 뮈유미 흔글ᄋ튼니 = 羽旗動若一 (두언24:23)
- 神力品前은 ᄉ직 正宗애 屬호미 블ᄀ니라 (법화4:135)
- 孔門을 당다이 바료미 몯ᄒ리니라 (두언6:21)
- 모ᄆ로 端正히 홅디언뎡 둥 구표미 몯ᄒ리라 (몽산:24)
- ᄒ다가 ᄆ슴 ᄡ미 가ᄀ호면 = 若用心急 (몽산:7)
- 오라면 工夫ㅣ 니거 반다기 能히 힘ᄡ미 져그리라 (몽산:4)
- 正혼 法 ᄀ른쵸미 어렵더니 (석보6:21)
- 法 드로미 어려ᄫ니 (석보6:11)

· 내 겨지비라 가져가디 어려ᄫ씨 (월석1:13)
· 쉽디 ᄒ혼 아디 어려ᄫ혼 법 (석보13:40)
· ᄆ술히 멀면 乞食호디 어렵고 (석보6:23)

- 本來 아로미 븕디 몯ᄒ거든 다 疑心을 두리니 (몽산:13)
- 슬허ᄒ요ᄆᆫ 히로 다못 깁ᄂ다 (두언11:10)
- 바룻 므릐 밀유미 붇 히믈 주도다 (두언16:20)
- 惑業의 옮ᄃᆫ뇨미 一切 이를 브텨 ᄒᆞᄂ니라 (능엄1:45)
- 네의 어미 그려호미 샹녯 ᄯ뎃 衆生애셔 倍홀씨 (월석 21:22)
- 그럴씨 혀샤미 이만 ᄒᆞ시니라 (법화1:113)
- 狄人이 ᄀᆞᆯ외어늘 岐山 옮ᄆᆞ샴도 하ᄂᆞᆯ ᄠᅳ디시니 (용가:4)

② 부림말로 기능

토씨 '-ᄋᆞᆯ'과 주로 결합하고, 도움토씨 '-도'와도 결합한다. 그리고 토씨의 생략에 의해서도 부림말로 기능한다. '-오-'를 항상 선접한다.

(84)
- 오직 ᄆᆞᅀᆞ미 지소ᄆᆞᆯ 불기시고 (능엄1:21)
- 모든 行ᄒᆞᆶ 사ᄅᆞ미 ᄆᆞᅀᆞᆷ 시소ᄆᆞᆯ 正히 아니ᄒᆞ야 (능엄1:23)
- 새 개요ᄆᆞᆯ 알외디 아니하리로다 (두언6:16)
- 녯 병에 예 와쇼ᄆᆞᆯ 들히 녀기노니 (두언6:5)
- 사ᄅᆞ미 怒ᄒᆞ몰 ᄀᆞ쟝하면 반ᄃᆞ기 소리 미이ᄒᆞ야 (법화 2:253)
- 徐公이 온가짓 이를 시름 아니ᄒᆞ요ᄆᆞᆯ 내 아노니 (두언 8:24)

- 네 분근 <u>횟두루이주믈</u> 스랑호니 (두언16:21)
- 엇뎨 見愛 오히려 이셔 二乘에 버으롤 甚히 <u>머로물</u> 알리오 (영가하:71)
- 네 일즉 업디 아니호야셔 엇뎨 <u>업수믈</u> 아는다 (능엄2:4)
- 부톄 즉재 <u>맛당호물</u> 조차 爲호야 닐어시든 마초 아디 아니 호리 업서니와 (금강:75)
- 호다가 人天이 本來ㅅ 무스믈 아더든 엇뎨 어리미혹호야 귀롤 기우려 <u>드로물</u> 쓰리오 (금강삼가4:41)
- 우리 오늘 이 구즌 길흘 免하야 훤히 <u>便安호물</u> 得과라 (월 곡14:77)
- 어젯 바믹 브름과 비 셜로물 도르혀 스랑호니 (두언16:30)
- 이 사르믹 氣運이 <u>揚揚호물</u> 感激호노니 (두언15:42)
- 서리옛 염괴 <u>어여호물</u> 甚히 듣노니 (두언7:40)
- 세히 業이 <u>흔가지로물</u> 因홀씨 (능엄4:25)
- 흔가지로 一音 敎澤알 닙습오딕 <u>各各이로물</u> 니르시니라 (월석13:47)
- 工夫ㅣ <u>흔가지로물</u> 니르니라 (몽산:19)
- 부텻 慈悲ㅅ <u>그르치샤물</u> 닙사와 (능엄7:67)
- 부텻 <u>그르치샤물</u> 만히 드즈볼씨 聞이오 (석보11:43)
- 외다 호샤물 듣즈온 젼츠로 (능엄1:86)
- 님금 <u>셤기슨보물</u> 힘 フ장 홀씨 忠이라 (월석2:63)
- 모로매 일 무즈 <u>일우슨보물</u> 모져 홇디니 (월석서:17)
- 몬져 丈六像이 못 우희 <u>겨사물</u> 보슨봃디니 (월석8:44)
- 두 <u>겨사물</u> 讚歎호숩고 (법화3:110)

- 記 <u>주샤물</u> ㅎ마 ㅁᄎ시고ᅀᅡ (법화3:63)

③ 위치말, 견줌말, 방편말로 기능

위치말은 토씨 '-애'와 결합하여, 견줌말은 토씨 '-와/과'와 방편 말은 '-ᄋ로'와 결합하여 월성분으로 기능한다. '-오-'를 항상 선접 한다.

<위치말>

(85)
- <u>成佛호매</u> 니르로니 (월석21:210)
- 업수메 니르러 實相이 구더 허디 아니 <u>호매</u> 니를에 ㅎ시니 (능엄147:9)
- 衆生과 부텨왜 本來 두시며 쩌디여 <u>變호매</u> 다르디 아니ㅎ 니 (법화1:3)
- 心魂이 이대 <u>아로매</u> 덜머 (능엄9:58)
- 나그내로 <u>사로매</u> 自出을 맛보니 여희유메 몃 버늘 슬카니 오 (두언23:53)
- 빗돗 <u>글어가매</u> 歲月이 졈그ᄂ니 (두언22:42)
- 아자비 <u>여희요매</u> 感念이 기프니 여흰 後에 엇던 사ᄅ물 보 려니오 (두언8:62)
- ᄀᄂᆫ 프리 기우시 <u>안조매</u> 마ᄌ니 (두언15:48)

- 혼번 믈드류매 一切 믈드ᄂᆞ니라 (금강삼가3:46)
- 새려 시름ᄒᆞ매 누니 둘올ᄃᆞ시 바라노라 (두언20:18)

<견줌말>

(86)

- 닐옴과 서르 ᄀᆞᆮᄒᆞ니라 = 與說와 相類ᄒᆞ니라 (능엄2:117)
- 쉬나믄 힛 사ᅀᅵ 솑바당 두위힐후미 ᄀᆞᆮᄒᆞ니 = 五十年間似
  反掌 (두언16:48)
- 窮子이 놀라 닶교미 ᄀᆞᆮᄒᆞ면 (법화 1:208)
- 나모 스라 숫 ᄃᆞ외요미 ᄀᆞᆮ고 (월석14:67)
- ᄃᆞ리 즈믄 ᄀᆞᄅᆞ매 비취요미 ᄀᆞᆮᄒᆞ니라 (월석1:1)
- 오ᅀᆞ로 갓브레 더딤 ᄀᆞᆮ고져 願ᄒᆞ노라 (두언14:9)
- 희 듊 ᄀᆞᆮ하니 (능엄2:5)
- 富樓那아 네 닐옴 ᄀᆞᆮᄒᆞ야 (능엄4:9)
- ᄇᆞ름 거스려 홰 자봄 ᄀᆞᆮᄒᆞ야 노하ᄇᆞ리디 아니ᄒᆞ면 당다이
  제 모미데오 (월석7:18)
- 몃 디위를 흘러 들뇨ᄃᆡ ᄲᅮᆨ 불욤 ᄀᆞᆮᄒᆞ야니오 (남명하:63)
- 뷘 ᄃᆡ ᄃᆞ로ᄃᆡ 사름 이숌 ᄀᆞᆮ히 흘 디니리 (내훈1, 8)

<방편말>

(87)

- 那律이 能히 보ᄆᆞ로도 수이 보디 몯ᄒᆞ리로다 (남명상:25)

- 말씀과 <u>가줄보모로</u> 밋디 몯홀꺼시 그 眞實ㅅ 智 ㄴ뎌 (금강:87)
- 내 게으르디 <u>아니호모로</u> 正覺을 일우노라 (석보23:13)
- <u>의리ᄒ샤모로</u> 아홉 큰 劫을 걷내뛰여 (월석1:52)
- 거즛말 아니 <u>호모로브터</u> 비르솔 디니라 (내훈1:14)
- 法華ㅣ 燈明브터 <u>오모로</u> (능엄1:17)

④ '-이(라)' 앞의 이름씨로 기능

(88)
- 이 일후미 <u>믠요미로소이</u>다 (능엄5:18)
- ᄆᆞᅀᆞ미 슬믜욤 <u>업숨이오</u> (법화1:25)
- 우업슨 法王이 이 眞實ㅅ 마리며 所如 다히 <u>닐오미라</u> (능엄2:54)
- 둘흔 善果ㅣ 날로 <u>더우미오</u> (월석21:184)
- 스믈흔 業道를 永히 <u>더루미오</u> (월석21:185)
- 다만 菩薩 <u>ᄀᆞᄅᆞ쵸미라</u> (석보13:59)
- 法華ᄂᆞᆫ ᄀᆞ술 <u>거두우미오</u> (능엄1:19)
- ᄒᆞ믈며 ᄯᅩ 女身 <u>受호미ᄯᆞ녀</u> (월석21:86)
- 그지업슨 福을 어드리어니 ᄒᆞ믈며 수외 <u>보미ᄯᆞ녀</u> (월석8:37)
- 名稱은 일훔 <u>일ᄏᆞ유미라</u> (월석10:64)
- 快타 이 <u>무루미여</u> (능엄8:67)
- 클셔 萬法이 브터 <u>비르수미여</u> (원각서:31)

- 겨집들흘 부텻 陰藏相 보슯긔 호미라 (석보24:2)
- 네흔 닐온다히 修行호미니 (영가상:25)
- ᄒᆞ믈며 기리 여희옛ᄂᆞᆫ ᄆᆞᄉᆞᄆᆞᆯ 디내요미ᄯᆞ녀 (두언25:17)
- 迦葉이…能히 受ᄒᆞᅀᆞ오니 이 希有호미라 (법화3:30)

위의 예에서 확인할 수 있듯이, 15세기의 '-ㅁ 이름마디'는 모든 월성분에서 항상 '-오-'를 선접하고 있다. '-오-'는 이름씨의 특성이 강한 구성에 선접되는 형태소이기 때문에, '-오-'가 소멸하지 않고, 항상 선접한다는 것은 15세기 이름마디는 이름씨의 특성이 매우 강한 구조였음을 알 수 있다. 이렇게 '-옴-'이 안정적으로 이름마디를 형성했기 때문에 다른 이름마디를 형성하는 굴곡의 가지는 세력을 확대할 수 없었을 것이다.

(2) 16세기 '-ㅁ 이름마디'

16세기 이름마디는 '-ㅁ 이름마디', '-기 이름마디', '디 이름마디'의 체계를 갖추고 있다.[18] 특히, 16세기에는 '-ㅁ 이름마디'에 변화가 보이기 시작한다. 여러 토씨들과 결합하여 월성분을 구성을 하는 것은 15세기와 같으나, '-오-'의 선접이 불규칙하게 나타난다. 그리고 '-기'에 의한 이름마디 구성의 용례가 많아진다. 정리하면, '-오-'의 소멸로 인해 '-ㅁ 이름마디'가 위축이 되면서, '-오-'는 불규칙하게

---

18) 임자말로 기능하는 예만 보이고, 안은마디의 풀이말은 주로 'ᄒᆞ다, 어렵다'가 나타난다.
  - 이 ᄆᆞ리 엇디 이리 잡디 어려우뇨 (번노상:45)
  - ᄀᆞ장 보디 됴ᄒᆞ니라 (번박상:5)
  - ᄆᆞᄉᆞ거시 가져가디 됴ᄒᆞ고 (번노하:66)
  - 븓그테 다 스디 어려우니 (노걸상:45)

나타나고, '-ㅁ 이름마디'의 불안정해진 자리에 '-기 이름마디'의 활성화가 진행된다고 볼 수 있다.

① 임자말로 기능

토씨 '-은, -이'와 결합하여 임자말로 기능한다. '-오-'를 선접하기도 하고, 선접하지 않기도 한다.[19] '-오-'를 선접하는 구성이 '-오-'를 선접하는 구성보다 더 많이 보인다.

<'-오-'를 선접하는 경우>

(89)
- 아르믜 화동티 아니 호믄 (이륜:27)
- 아미와 ᄌ식이 親홈이 이시며 (동몽:1)
- 즐거운 일 잇거든 ᄒᆞᆫ가지로 즐콘디니 의리호미 ᄀᆞ장 됴ᄒᆞ니라 (번박상:72)
- 오직 사르믜 ᄆᆞᄉᆞ미 검박ᄒᆞ다가 샤치예 드루믄 쉽고 (번소 10:31)
- 남진 겨집븨 화동호미 집븨 됴홀 ᄲᅢᆫ 아니라 (정속:6)
- ᄉᆡᆼ싱애 닐흔 사ᄅᆞ미 녜부터 드무다 ᄒᆞᄂᆞ니 (번박:76)

---

19) 다음과 같은 17세기 예문은 '-오-'가 선접했는지, 선접하지 않았는지 확인할 수 없다.
  · 더룰   이 주미 곳 올ᄒᆞ니라 (박통상:38)
  · 도흔 술을 여라믄 병을 어더 오미 엇더ᄒᆞ뇨 (박통상:2)
  · 흠의 저기 딥과 콩을 논일워 줌이 엇더ᄒᆞ뇨 (노걸상:50)
  허웅(1975)를 보면 '가-, 나-, 자-, 하-; 녀-; 오-, 보-; 두-, 주-'나 이 말과의 합성어 '맛나-, 빛나-'에 있어서는 '-오/우-'가 줄면서 줄기 끝음절의 성조가 상성으로 변한다고 하였다. 이런 이유 때문에, 위의 '주-, 오-'는 방점이 표시되지 않아서, '-오-'의 선접을 확인할 수 없다.

- 내 人이 내게 加ᄒ과댜 아니ᄒᄂ 거슬 내 ᄯ혼 人의게 <u>加홈이</u> 업고져 ᄒᄂ옴이다 (논어1:44)
- 네 … 가문을 <u>빗내요미</u> 엇더ᄒᄒ고 (번박상:50)
- 져그나 인연 <u>밍ᄀ로미</u> 됴토다 (번박상:76)
- 오늘 훠 바사 구들헤 오ᄅ고도 닉일 시노려 <u>미도미</u> 어려우니라 (번박상:76)
- 子路ㅣ 그리ᄒ려 흔 말을 <u>무굼이</u> 업더라 (소학4:43)
- 분변티 <u>아니홈이</u> 이실ᄯ언뎡 (중용:33)
- 두워 두워 <u>더로미</u> 아니하다 (번박상:4)
- ᄯ 그리 몯ᄒ거든 부텻긔 울워러셔 법을 공경ᄒ며 경도보며 <u>념불호미</u> 됴텻닛든 (번박상:36)
- 네 <u>닐옴곳</u> 올ᄒ면 (번노하:10)
- <u>아로미</u> 녀튼 무리ᄂ 因을란 輕히 너기고 果를 重히 너기ᄂ니 (선가:24)
- 삼월과 류월와 구월와 섯둘와 ᄒ여 이 약 <u>머고미</u> 맛당ᄒ니라 (온역:16)
- <u>원망호미</u> 수이 나 ᄇ룸앳 믓겨리 ᄀ트야 (번소 6:24)
- 네 <u>닐오미</u> 내 ᄯᄃ과 ᄀ다 (번노상:11)
- 녯 해ᄂ 갓가와 쉬 일리러니 이젯 해ᄂ 기퍼 <u>굴히요미</u> 어렵도다 (번소8:40)
- 부텨ᄂ <u>ᄀ룜</u> 업슨 法을 니ᄅ샤ᄉ 비릇 一味예 도라가시거든 (선가:12)
- 칠성돈도 <u>밍ᄀ로미</u> 됴코 뎌 혓쇠 구드니 곧 됴타 (번박상:19)

- 果는 나타 쉬이 信호리어니와 因는 수머 볼규미 어려우니 (선가상:24)
- 사룸미 샹해 어딘 도리를 가져 의쇼미 하늘 삼긴 셩오로브터 나니(번소8:9)
- 근심호시는 눗빗츨 두겨샴은 엇뎨미니잇고 (소학4:17)
- 희요미 므스거시료 (번박상:48)
- 어버이 빗내요미 다 글 빈호모로브터 터 잡는거시니 (정속::8)
- 思티 아니호건뎡 엇디 머롬이 이시리오 (논어2;50)
- 호다가 터럭 글마나나 지극디 몯호미 이시면 (번소7:24)

<'-오-'를 선접하지 않는 경우>

(90)

- 효되 무춤이며 비르솜이 업고 = 孝無終始 (소학2:34)
- 三年을 아빈 道애 고팀이 업세사 可히 효도ㅣ라 닐으리라 (소학2:24) • 이제 天下ㅣ 溺호얏거늘 天子의 援티 아니호심은 엇디 잇고 (맹자7:27)
- 빈호문 모로매 안졍호야사 호리오 직조는 모로매 비화사 호리니 (번소6:16)
- 周公의 天下를 두디 몯호심은 益의 夏에와 伊尹의 殷에 フ 트니라 (맹자9:28)
- 立호야 天子ㅣ 되샤는 放호심은 엇디잇고 (맹자9:10)
- 三年을 父의 道애 고티미 업세사 可히 孝ㅣ라 닐을이니라

(논어1:6)

- 鬼神에 質ᄒ야도 疑ㅣ <u>업슴</u>은 天을 알식오 (중용:46)
- 기티ᄂᆞᆫ 배 <u>업스미</u> 아니라 ᄒᆞᆫ대 表ㅣ 嘆息ᄒ고 가다 (소학 6:85)
- 놉고 귀ᄒᄂ니ᄅᆞᆯ <u>셤김</u>은 하ᄂ᷀ᆯ과 ᄊᆞ히 덜덜ᄒᆞᆫ 經이며 (동몽:4)
- 두렵고 무셔오미 <u>그음이</u> 업스니 (은중:13)

② 부림말로 기능

토씨 '-ᄋᆞᆯ'과 주로 결합하여 부림말로 기능한다. '-오-'가 선접하기도 하고, 선접하지 않기도 한다. '-오-'를 선접하는 구성이 다른 월성분으로 기능할 때 보다 더 많이 보인다.

<'-오-'를 선접하는 경우>

(91)

- 됴한 닐란 닐왇고 해로온 일란 업게 <u>호ᄆᆞᆯ</u> 잘ᄒᆞ며 (여씨:4)
- 서르 <u>딕졉호ᄆᆞᆯ</u> 손 ᄀᆞ티 하니 (동몽:7)
- 父母를 셤교ᄃᆡ 스스로 足티 <u>몯홈ᄋᆞᆯ</u> 아ᄂᆞᆫ이ᄂᆞᆫ 그 舜이신뎌 (소학4:10)
- 출하리 주굻부니언뎡 ᄌᆞ손이 이런 힝뎍 <u>이슈ᄆᆞᆯ</u> 듣고져 아니ᄒ노라(번소6:13)
- 衣服과 飲食과 브테며 일 <u>자봄브터를</u> 敢히 父母 ᄉᆞ랑ᄒᆞ시ᄂᆞᆫ 바와 ᄀᆞᆯ와 마라 (소학2:17)

- 일빅낫 돈애 <u>밧교몰</u> 혼 말 뿔옴 흐니 (번노상:54)
- 사롬 딥을어 ᄆ옴싱지 <u>홈올</u> 비록 되(夷狄)게 가도 可히 ᄇ 리디 아닐디니라 (소학3:4)
- 님금 <u>셤교몰</u> 모르는 사르믄 녯 사르믜…스쇠로 혜아려 뵈 오과 두녜니라 (번소8:26)
- 다시곰 <u>경계홈을</u> 因ᄒ야셔 (소학 6:74)
- 내 몸 가지며 ᄂ름 <u>두졉홈</u> 다ᄒ고도 ᄯ 모로미 힘서 됴히 나 믜게 덕글만히 지슬 거실식 (정속:27)
- 뜯 <u>머고몰</u> 明道先生과 范希文과로써 제 모몰 긔약ᄒ야 ᄀ 티 되요려 홀디니라 (번소6:34)
- 쥬신이 밥 먹거나 아니 먹거나 홈과…다른 아모란 이를 ᄒ 거나 아니 ᄒ거나 <u>호몰</u> 무러 (여씨:20)
- 가문의 <u>들여옴을</u> 因ᄒ야 (소학5:73)
- ᄯ 혼 디위 <u>마조믈</u> 니버도 올토다 (번박상:36)
- 이리ᄒ면 믈들히 분외로 <u>머구믈</u> 빅브르려니와 ᄒ다가 몬져 콩을 주면 (번노상:24)
- 어버의 개와 ᄆ를 <u>디졉홈을</u> 반ᄃ시 내 개와 ᄆ를게셔 달리 호 ᄃ (소학5:74)

<'-오-'를 선접하지 않는 경우>

(92)
- 몸이 ᄯ혼 <u>용납호믈</u> 보디 몯ᄒ고 (동몽:24)
- 父母ㅣ 비록 업스시나…부모ᄭ 어딘 일홈 <u>기팀을</u> 싱각ᄒ

야 (소학2:24)

- 우히며 아래 <u>의심을</u> 뵈미니라 (소학2:11)
- 射홈애 皮티 아니홈은 힘이 科ㅣ 同티 <u>아님을</u> 爲ᄒᆞ얘니 녯 道ㅣ 니라 (논어1:25)
- 엇디 사름 <u>업슴을</u> 위ᄒᆞ예리오 (소학6:73)
- 天下애 올티 아니ᄒᆞᆫ 父母ㅣ <u>업슴을</u> 위ᄒᆞ옐시라 ᄒᆞ여늘 (소학5:38)
- 이 그 智 근디 <u>몯홈을</u> 爲ᄒᆞ야아 글오되 (맹자11:23)

③ 위치말로 기능

주로 토씨 '-애'와 결합하여 위치말로 기능한다. '-오-'가 선접하기도 하고, 선접하지 않기도 한다.

<'-오-'를 선접하는 경우>

(93)

- 오행이 서르 <u>生홈애</u> 몬져 理와 氣 인는디라 (동몽:18)
- <u>주구매</u> 니르러도 ᄒᆞᆫ가지로 (번소6:3)
- 조ᄇᆞ면 옷 <u>지소매도</u> ᄌᆞ라디 몯하며 (번노하:62)
- 浩ᄂᆞᆫ…대개를 모도자바셔 고틸만 ᄒᆞ여니와 글 <u>지수매</u> 다 ᄃᆞ라ᄂᆞᆫ 내 최호두곤 만히 호이다 (번소9:46)
- ᄒᆞᆫ 쌍 후시 딩ᄀᆞ로매 슈공 혜디 아니코도 대엿돈 은곳 업스면

믜쑤며 내디 몯ᄒ리라 (번박상:48)

• 顔氏 가문 ᄀᄅ치ᄂ 글월의 닐어쇼ᄃᆡ 뼈곰 글 닐거 빈호며 무러호ᄆᆞᆫ 본ᄃᆡ ᄆᆞᅀᆞᆯ 열며 눈을 블겨 <u>힝ᄒ요ᄆᆡ</u> 리콰댜 ᄒ예니라 (번소8:25)

• 성을 <u>다홈애</u> 니르샤 循循히 ᄎᆞ셔 잇게 하더시니 (소학 6:17)

• 父ㅣ <u>沒홈애</u> 行을 볼띠나 三年을 父의 道애 고티미 업세ᅀᅡ 可히 孝ㅣ라 닐을 이니라 (논어1:6)

• 뉘 能히 <u>出홈애</u> 戶를 由티 아니오마ᄂ 엇디 이 道를 由티 아니ᄒᄂ고 (논어2:8)

• <u>發홈애</u> 조급ᄒ며 망녕되윰을 금지ᄒ여사 안히 이에 안정ᄒ며 젼일ᄒᄂ니라 (소학5:90)

• 너브면 <u>옷지소매</u> 유여ᄒ며 ᄯᅩ 수이 플거시어니와 (번노 하:62)

• 夫子의 求ᄒ심은 그 사ᄅᆞᆷ의 <u>求홈애</u> 다ᄅᆞ신뎌 (논어1:5)

<'-오-'를 선접하지 않는 경우>

(94)

• 孔子ㅣ 書를 定ᄒ시매 (동몽, 18)

• 學者ㅣ 모로미…상녜 스스로 격려ᄒ야 니르와대야 문득 <u>뻐러딤애</u> 니르디 아니 ᄒ리라 (소학5:98)

• 사ᄅᆞᆷ의 허믈이 각각 그 류에니 허믈을 <u>봄애</u> 이에 仁을 알띠니라 (논어1:33)

④ 견줌말로 기능

주로 토씨 '-과'와 결합하여 견줌말로 기능한다. '-오-'가 선접하기도 하고, 선접하지 않기도 한다.

<'-오-'를 선접하는 경우>

(95)

- 이 엇디…내 아니라 兵이라 홈과 다르리오 (맹자1:10)
- 글 빅호디 <u>아니홈만</u>도 <u></u>곧디 몯ᄒ니라 (번소8:30)
- 君子ㅣ 뻐 <u>告홈과</u> 곧다 ᄒ니라 (맹자7:35)
- 글 빅호디 <u>아니홈만</u>도 곧디 몯ᄒ니라 (번소8:30)
- 원ᄒᆞ건딘 이 며느리…손주들히 다 이 며느리…<u>공경홈</u> ᄀ
  티면 (번소9:30)
- 얻디…사리이진 저기나 주근 저기나 ᄒᆞ가지로 <u>홈과</u> ᄀ티
  리오 (번소9:30)
- 君子ㅣ 뻐 <u>告홈과</u> 곧다 ᄒ니라 (맹자7:35)

<'-오-'를 선접하지 않는 경우>

(96)

- 깃거티 아니ᄒᆞ샤도 다닛 그 鄕과 黨과 州와 閭에 죄를 <u>어
  드시모론</u> 츨하리 닉이 諫홀디니 (소학2:22)

⑤ 방편말로 기능

주로 토씨 '-으로'와 결합하여 방편말로 기능한다. '-오-'가 선접하기도 하고, 선접하지 않기도 한다.

<'-오-'를 선접하는 경우>

(97)
- 곽도경의 네딧 죠샹들히 <u>효도호므로</u> 일홈 나 ᄆ올희셔 (이륜, 23)
- 그려도 집블 올케 홀뎐 모로미 <u>몸닷고므로</u> 비롯ᄂ니 (정속:5)
- 집븨 올티 아니호미 남진 겨집븨 화동티 <u>아니호므로</u> 조채니 (정속:4)
- 사름을 그리호마 <u>홈으로써</u> 許ᄒ고 (소학6:52)

<'-오-'를 선접하지 않는 경우>

(98)
- 어버의 입이 내입에셔 <u>重홈으로쎄오</u>…어버의 몸이 내 몸애셔 <u>重ᄒ으로쎄라</u> (소학5:74)

⑥ '-이(라)' 앞의 이름씨로 기능

'-이(라)' 앞에 선접하여 이름씨로도 기능한다. '-오-'가 선접하기
도 하고, 하지 않기도 한다.

<'-오-'를 선접하는 경우>

(99)
- 혼나혼 ᄀ론 덕과 업과로 서르 권 아니호미오 (여씨:7)
- ᄀ자이ᄂ 父母를 事홈이며 멀리ᄂ 君을 事홈이오 (논어
4:36)
- 다ᄆᆫ 百步ㅣ 아니ᄲᆞ니언뎡 이 ᄯᅩ흔 走홈이니이다 (맹자
1:17)
- ᄒᆡᆼ실을 責호려 홈이니 (소학5:41)
- 엇디 닐옴이닝잇고 (논어1:11)
- 져다가 거두워 히여곰 도로 몸애 드려오게 콰댜 홈이니
(소학5:85)

<'-오-'를 선접하지 않는 경우>

(100)
- 여숫재 닐온 거즛죄 니브미오 (여씨:35)
- 벋이 믿브미 의심이라 (동몽:1)
- 시졀리 어즈러워 새도 흔듸 몯 잇곤 ᄒᆞ믈며 사름미여 (이

134 17세기 국어의 이름마디 구조

륜:26)

- 님금 셤김을 求코져 ᄒ며셔 몬져 님금을 <u>소김이니</u> 可ᄒ냐
  (소학6:45)
- 심홀셔 급암의 <u>어림이여</u> (번소9:39)
- 시졀리 어즈러워 새도 흔듸 몯 잇곤 ᄒ믈며 <u>사름미여</u> (이
  륜:26)

위의 예에서 확인할 수 있듯이, 16세기의 '-ㅁ 이름마디'는 모든 월 성분에서 항상 '-오-'를 선접한 형태와 '-오-'를 선접하지 않은 형태가 공존하고 있다. 이름마디 구조에서 '-오-'가 소멸의 과정에 들어서는 시기인 16세기의 이름마디는 이름씨의 특성이 약화되기 시작하였다고 볼 수 있다. 여전히 '-오-'를 선접하는 구성이 '-오-'를 선접하지 않은 구성보다 많아서, 이름씨의 특성이 강한 구조였으나, 15세기와 비교하면, 이름씨의 특성이 약해졌다고 볼 수 있다. 왜냐하면, '-오-'의 기능과 관련하여, '-오-'는 이름씨의 특성이 강한 구성에 선접한 형태소인데, '-오-'가 소멸되고 있다는 것은 이름씨의 특성이 약화되었다는 것을 의미하기 때문이다.

1.3. 17세기 '-ㅁ 이름마디'의 체계 형성

이름마디 구성에 관여했던 '-오-'의 소멸은 이름마디 체계의 변화를 가져오게 되었다. 15세기의 '-ㅁ 이름마디' 구조에서는 '-오-'의 선접이 필수적이었는데, 이것은 이 시기의 이름마디 구조가 이름씨의 특성이 강했었기 때문일 것이다. 16세기의 '-ㅁ 이름마디'는 모든 월

성분에서 '-오-'를 선접한 형태와 '-오-'를 선접하지 않은 형태가 공존하는데, '-오-'가 소멸의 과정에 들어서게 된다. 여전히 '-오-'를 선접하는 구성이 '-오-'를 선접하지 않은 구성보다 많아서, 이름씨의 특성이 강한 구조였으나, 15세기와 비교하면, 이름씨의 특성이 약해졌다고 볼 수 있다.[20) 이러한 변화의 과정을 거쳐 17세기의 '-ㅁ 이름마디' 체계가 형성되는데, 이 시기의 이름마디는 '-오-'의 소멸이 더 확산되어 '-오-'가 선접되지 않는 형태가 '-오-'를 선접한 형태와 비슷한 분포를 보이게 된다. 다음은 17세기 '-ㅁ 이름마디'의 예문이다.

(1) 임자말로 기능

<'-오-'를 선접하는 경우>

(101)
- 즈연히 굉공한 덛덛홈 업스며 (권념:4)
- 小學 글이 傳호미 업거늘 (여훈상:26)
- 겨집의 貞靜ᄒ며 幽閑호믄 다 閨訓을 말미암ᄂ니 (여훈상:28)
- 그 ᄠᅳ디 멀고 徵험호미 이셔 (여훈상:19)
- 그 글 짓기 즈셰호미 敎化에 關繫호믄 우리 皇考의 어딘 謨訓이 ᄀᄌ시고 (여훈상:8)

---

20) '-ㄴ, -ㄹ' 앞에서의 '-오-'의 소멸은 '-ㅁ' 앞에서보다 일찍 소멸한다. 이유는 '-ㄴ, ㄹ'보다 '-ㅁ'이 이름씨의 특성이 강했기 때문이다.

<'-오-'를 선접하지 않는 경우>

(102)

- 닉일은 구룸 브트미 됴쏫오니 (첩해초6:13)
- 貴혼 밧 者는 閨門의 닷스미 잇고 (여훈상:21)

(2) 부림말로 기능

이름마디가 부림말로 기능할 때에는 토씨 '-을'과 결합한다. 안은
마디의 풀이말은 남움직씨가 된다.

<'-오-'를 선접하는 경우>

(103)

- 그 곡셕 踐홈을 미더 (경민중:12)
- 前代예 덧덧이 旌表호믈 더호야 (경민중:25)
- 그듸는 샹례 공양호믈 부모 곤티 호샤 (권념:10)
- 女德의 關係호미 젹디 아니호믈 알오라 (여훈상:16)

<'-오-'를 선접하지 않는 경우>

(104)

- 엇디 법제의 즈셔호믈 알리오 (경민중:서2)
- 父母 은덕기 하늘로 더브러 크기 곳트믈 닐♀미니 (경민

중:22)

(3) 위치말로 기능

이름마디가 위치말로 기능할 때에는 토씨 '-애'와 결합한다.

　　<'-오-'를 선접하는 경우>

　　(105)
　　　　• 사룸의 女ㅣ <u>되오매</u> 맛당히 孝道룰 行홀디라 (여훈하:3)
　　　　• 고치 날마다 이우어 주거 <u>멸호매</u> 니르ᄂ니다 (권념:25)

　　<'-오-'를 선접하지 않는 경우>

　　(106)
　　　　• 말 <u>ᄆᆞᄎᆞ매</u> 송씨 즉제 도라 니거늘 (권념:3)
　　　　• 俗을 <u>範ᄒᆞ매</u> 내 敢히 그 補ᄒᆞ미 이시믈 아디 몯ᄒᆞ예라 (여
　　　　　훈상:29)

(4) 견줌말로 기능

　　이름마디가 견줌말로 기능할 때에는 토씨 '-도곤'이 결합하는 경우
가 있으나, 대체로는 결합하지 않는다. 안은마디의 풀이말이 '긑다,
다ᄅ다' 등일 경우에 견줌말이 올 수 있다.

<'-오-'를 선접하는 경우>

(107)

- 십륙 관경의 닐옴 ᄀᆞᆮ더라 (권념:14)
- 琴瑟을 <u>鼓홈</u> ᄀᆞ티야 (여훈상:46)

<'-오-'를 선접하지 않는 경우>

(108)

- <u>良藥</u>으로 病 <u>다스림도곤</u> 나으리라 (박통중:18)
- 함정으로 즘싱을 <u>잡음</u> ᄀᆞᆺ트니 (경민중:서2)
- 고기눈을 <u>두르혐</u> ᄀᆞᆺ트여 (여훈상:46)

(5) 방편말로 기능

이름마디가 방편말로 기능할 때에는 토씨 '-ᄋᆞ로'와 결합한다. 16
세기부터 '-뻐'가 연결되는 꼴이 보이기 시작한다. '-오-'를 선접한
경우는 보이지 않았다.

　　<'-오-'를 선접하지 않는 경우>

(109)

- <u>이러모로</u> 뻐 녜 敎호미 반ᄃᆞ시 方이 이셔 (여훈상:25)
- 지어미 <u>공경ᄒᆞᄆᆞ로뻐</u> 그 지아비ᄅᆞᆯ 셤기며 (여훈하:8)
- 지아비 <u>和동ᄒᆞᄆᆞ로뻐</u> 그 지어미ᄅᆞᆯ 딕졉ᄒᆞ야 (여훈하:8)

• 에엿비 <u>녀기모로써</u> 치미 가ᄒ니라 (여훈하:13)

(6) '-이(라)' 앞의 이름씨로 기능

<'-오-'를 선접하는 경우>

(110)

• 붓그러온 바는 學이 업고셔 文을 <u>호미라</u> (여훈상:8)
• 妾을 ᄉ랑호믄 夫의 ᄆ음을 順<u>호미니라</u> (여훈하:14)
• 도리를 들어 니룸은 빅셩이 感發ᄒ야 興起홈이 이과댜 <u>호</u>
<u>미오</u> (경민중:서3)

<'-오-'를 선접하지 않는 경우>

(111)

• 어버이를 봉양ᄒ면 곳 이 부텨를 <u>봉양ᄒ미니</u> (경민중:34)
• 境外예 ᄠ디 <u>업숨이니</u> (여훈상:21)
• 슈건을 베프믄 그 ᄯᆯ 나흔 줄을 <u>볼키미오</u> (여훈상:33)

17세기 '-ㅁ 이름마디'도 15·16세기 '-ㅁ 이름마디'와 마찬가지로 임자말, 부림말, 위치말, 견줌말, 방편말로 기능하고, '-이(라)' 앞의 이름씨로도 기능한다. '-오-'를 선접하는 경우와 선접하지 않는 경우가 공존하고 있다는 점에서 16세기와 비슷하나, 분포 면에서 차이가 있다. 16세기에는 분포 면에서 '-옴'형이 '-ㅁ'형보다 많은 분포를 보였으나, 17세기에는 둘의 분포가 비슷한 수준이 된다. 정리하면, '-오-'의 소멸은 '-ㅁ 이름마디'의 위축을 가져오게 되면서, 분포적인 면에서 '오+ㅁ'형과 '-ㅁ'형이 비슷한 분포를 보이게 된다. 결과적으로 '-오-'의 소멸은 '-ㅁ 이름마디' 체계를 다시 형성하는 계기가 되었다.

2 '-기'의 활성화

2.1. '-오-'의 소멸로 인한 '-기'의 활성화

17세기 이름마디 구조의 특성 중, 하나는 '-ㅁ 이름마디'의 위축에 따른 '-기 이름마디'의 구조의 확대라고 볼 수 있다. 16세기에 '-오-'의 소멸로 인해 변화의 모습을 보이기 시작한 이름마디는 17세기에 오면서 '-오-'를 선접하는 '-ㅁ 이름마디'는 많이 줄어들고, '-오-'를 선접하지 않는 '-ㅁ 이름마디'와 '-기 이름마디'는 확대된다. 16세기 문헌인 '번역박통사(16세기 초)', '번역노걸대(16세기 초)'와 17세기 문헌인 '박통사언해(1677)', '노걸대언해(1670)'의 비교를 통해 이름법 씨끝의 변화 양상을 살펴보겠다.

먼저 '번역박통사'와 '박통사언해'에 나타나는 이름법 씨끝의 양상이다. '번역박통사'에서는 '-오+ㅁ'형이 가장 많이 보이며, 다음으로 '-기'형, '-ㅁ'형 순으로 나타나며, '박통사언해'에서는 '-기'형이 가장 많이 보이며, '-오+ㅁ'형과 '-ㅁ'형은 비슷하게 나타나고 있다. 이를 통해 17세기에 '-기'는 활성화되어 쓰이고 있음을 확인할 수 있다.

<-오+ㅁ>형

15세기에는 이름법 '-ㅁ' 앞에서는 거의 모든 예문에서 '-오-'가 선행되었으나, 16세기에는 '-오-'의 소멸의 모습이 보인다. 그럼에도 불구하고, 16세기에서도 여전히 가장 많은 예문이 나타난다. 다음은 '번

역박통사'에 보이는 '-오+ㅁ'형이다.

(112)

- 관원들히 글겨 더도다 두워 두워 <u>더로미</u> 아니하다 (번박상:4)
- 툭판으로 담애 마가 <u>미요믈</u> 구디 ᄒ고 (번박상:10)
- ᄆᄅᆺ쇠 다님쇠 <u>밍ᄀ로믈</u> 경묘히 ᄒ고 (번박상:15)
- 네 이 다ᄉᆺ가짓 갈히 이리 <u>밍ᄀ로믈</u> 곱고 조케 ᄒ면 (번박상:16)
- 뎌 얇ᄌᆞ믈 돈 세 나츤 <u>밍ᄀ로미</u> 됴코 (번박상:19)
- 얇핏 륙셩 돈은 <u>밍ᄀ로미</u> 너므 두렵고 (번박상:19)
- 뒷 칠셩 돈도 <u>밍ᄀ로미</u> 됴코 (번박상:19)
- 딥 <u>사호로믈</u> ᄀ느리 ᄒ라 (번박상:21)
- <u>닐오미</u> 올타 (번박상:21)
- 형뎨 <u>사모매</u> 맛당티 아니ᄒ다 (번박상:25)
- 두 舍人의 <u>비서 이쇼미</u> ᄀ장 아름다오니 (번박상:30)
- 흔 푼 니쳔도 <u>갑포믈</u> 즐겨 아니ᄒᄂ다 (번박상:34)
- 즁의 이레 ᄆᆞᄉᆞᆷ 편안이 두워 부텻 법에 ᄉᄆᆺ 아라 <u>이쇼미</u> ᄯᅩ 아니 됴ᄒ녀 (번박상:36)
- 경도 보며 념불ᄒ오미 됴커닛ᄃᆞᆫ (번박상:36)
- 뿍을 가져다가 <u>부븨요믈</u> ᄀ느리 ᄒ야 (번박상:38)
- 조흔 ᄶᅡ해 나모 미틔 미여 두고 <u>머규믈</u> 됴히 ᄒ라 (번박상:43)
- 비드믈 <u>디요믈</u> 조히 ᄒ라 (번박상:44)

- 됴호미 관음보살 굳고 (번박상:45)
- 흔 솽 후시 밍ᄀ로매 슈공 혜디 아니코도 (번박상:48)
- 희요미 므스 거시료 긴티 아니ᄒ니라 (번박상:48)
- 가문을 빗내요미 엇더홀고 (번박상:50)
- 부모를 나토와 내요미 효도의 ᄆ초미니라 (번박상:50)
- 집 간난호미 간난이 아니라 (번박상:54)
- 닐우미 어려우며 닐우미 어려우니라 (번박상:55)
- 네 용심ᄒ야 밍ᄀ로믈 됴히 ᄒ면 (번박상:60)
- 그 은을 릭년 아모 둘 닉예 긔흔ᄒ여 가포믈 수에 죡게 호리라 (번박상:61)
- 이리 호미 ᄀ장 됴ᄒ니라 (번박상:72)
- ᄀ장 휜츠리 블가 씌ᄃ로믈 어더 (번박상:74)
- 닉일 시노려 미도미 어려우니라 (번박상:76)
- 져그나 인연 밍ᄀ로미 됴토다 (번박상:76)
- 네 갓고믈 조히 ᄒ라 (번박상:44)
- 엇디 ᄒ나토 ᄲ매 마즈니 업스뇨 (번박상:32)
- 쏘 이 흔 디위 마조믈 니버도 올토다 (번박상:36)
- ᄌ셕 길우미 ᄀ장 어렵도다 (번박상:57)
- 네 소내 쳔 어두미 어렵다 (번박상:74)

그러나 17세기에서는 '-오-'가 급격하게 줄어든다. 16세기에 비해 현저하게 적게 나타나고 있음을 확인할 수 있다. 다음은 '박통사언해'에 보이는 '-오+ㅁ'형이다.

(113)

- 쏘 그리 못ᄒ거든 歸佛敬法ᄒ며 看經念佛홈이 됴커늘 (박통상:33)

- 뎌 새 각시 얼굴이 ᄀ장 고아 쥰슈홈이 觀音菩薩 ᄀᆺ고 (박통상:41)

- 뎌 淸淨ᄒᆫ 山庵을 글히여 安禪悟法홈이 쏘 됴티 아니ᄒ냐 (박통상:33)

- ᄒᆫ가지로 즐겨 홈이 희옴이 妙ᄒ니라 (박통상:63)

- 이런 젼ᄎ로 今世예 뎌리 自在홈을 어덧ᄂ니 (박통상:28)

- 衣鉢 傳홈을 어더 이 永寧寺에 도라오니 (박통상:65)

- 후에 의빙홈이 업슬가 저허 짐즛 이 글월을 셰워 쓰게 ᄒ엿ᄂ니 (박통상:54)

- 내 너ᄃ려 니ᄅ마 쇽졀업시 간대로 갑슬 쇠옴은 엇디오 (박통상:30)

- 우리 消愁解悶홈이 엇더ᄒ뇨 (박통상:1)

- 놈의 겨집을 도적홈은 엇디오 (박통상:33)

- 우리 ᄒᆫ 가짓 거시 이시니 막밧곰이 엇더ᄒ뇨 (박통상:63)

- 小人이 奉承홈이 곳 올ᄒ니 (박통상:53)

- 立身行道ᄒ야 後世에 楊名ᄒ야 뻐 父母를 顯홈이 孝의 終이니라 (박통상:45)

<-ㅁ>형

'-오-'의 소멸로 인해 '-ㅁ'형이 보이기 시작한다. '-ㅁ 이름마디'

는 16세기까지는 '-오-'가 기능을 잘 하고 있는 상태였기 때문에 '-오+ㅁ'형으로 많이 나타나고, 번역박통사에는 '-ㅁ'형이 보이지 않는다. 17세기 '박통사언해'에서는 '-오-'의 소멸로 인해 '-ㅁ'형으로 나타나는 모습이 16세기보다는 많이 발견된다.

(114)

- 흔 디위 <u>마즘을</u> 니버도 올흐니라 (박통상:33)
- 우리 둘히…禮拜供養ᄒ야 져기 인연을 <u>지음이</u> 됴흐리로다 (박통상:66)
- 眼下에 交手ᄒ면 곳 지며 <u>이긔믈</u> 보리라 (박통상:22)
- 이 다 前世예 修善積福 ᄒ여시매 (박통상:28)
- 그 날에 각각 듕흔 밍셔를 닐러 ᄆᆞᆷ 됴흔 弟兄을 <u>지음이</u> 엇더ᄒ뇨 (박통상:23)
- 우리 흔 판 두어 지며 <u>이긔믈</u> 더느미 엇더ᄒ뇨 (박통상:22)

<-기>형

15세기에는 굴곡의 가지와 파생의 가지로 기능하면서 오히려 파생의 가지처럼 기능하던 '-기'가 16세기부터는 본격적으로 굴곡의 가지로 영역을 확대한다. '-오-'의 소멸로 인한 '-오+ㅁ'형을 대체할 무언가가 필요하게 되었는데, '-기'가 '-오+ㅁ'의 기능을 담당하기 시작한다. 16세기에는 '-오+ㅁ'형에 비해서는 아직 적은 편이다. 다음은 번역박통사의 예이다.

(115)

- 저기 어든 눈 앏픳 <u>즐기기를</u> 홀거시라 (번박상:7)
- 구워렌 <u>태티기</u> ᄒ며 (번박상:18)
- 모츠라기로 <u>노릇ᄒ기</u> ᄒ며 (번박상:18)
- 시워렌 대믈 <u>트기</u> ᄒ며 (번박상:18)
- 에엿븐 뎌 말 모로ᄂ 즘싱들히 <u>치기를</u> ᄀ장 몯ᄒᄂ니 (번박상:21)
- ᄒ릇 바미 <u>치기를</u> 닐굽 여듧 번식 ᄒ야 (번박상:22)
- 빈 주기 아니 사ᄅ믈 <u>주기</u> 쉽게 ᄒᄂ녀 (번박상:35)
- 흔 희옷 비얌 <u>믈이기</u> 디내면 (번박상:37)
- 뎌 ᄆ쇼 <u>고티기</u> 잘 ᄒᄂ니라 (번박상:42)
- 믈 <u>고티기</u> 됴ᄒ면 (번박상:43)
- <u>고티기</u> ᄆ차다 (번박상:43)
- 숟간나히 가니 <u>믈리기가</u> (번박상:45)
- 됴토다 됴토다 네 게으른 양 <u>쓰기</u> 말며 (번박상:50)
- 활 <u>혀기ᄂ</u> 각별흔 히미 잇고 (번박상:55)
- 술 <u>머기ᄂ</u> 각별흔 챵ᄌ 잇ᄂ니라 (번박상:55)
- ᄀᆺ 아기 <u>싯기기</u> 믓고 (번박상:56)
- 어듸쫀 <u>샹급ᄒ시기를</u> ᄇ라리잇가 (번박상:60)

17세기에는 '-기'가 16세기에 비해 현저하게 많이 나타나고 있다. '-기'가 '-오-'의 소멸로 인해 '-오+ㅁ'의 기능이 약화되면서 그 기능을 많은 부분에서 대체하고 있다. 다음은 '박통사언해'의 예문이다.

(116)

- 鮮果를 氷盤에 줌가 두면 ᄀ장 보기 됴ᄒ니라 (박통상:6)
- 담 ᄡᆞᆫᄂᆞᆫ 널로 담 머리예 막아 밀기를 굿이 ᄒ고 (박통상:10)
- 그제브터 나시되 ᄀ렵기를 當티 못ᄒ여라 (박통상:13)
- 뎌ᄂᆞᆫ 고티기 쉬오니 모롬이 膏藥을 브티디 말라 (박통상:13)
- 鹿角 마개에 약대 ᄲ려 밋히 ᄆ르쇠와 뭇ᄀᆞᆷ쇠를 밍들기를 輕妙히 ᄒ고 (박통상:15)
- 네 이 다ᄉᆞᆺ 발 칼을 이리 밍들기를 곱고 乾淨히 ᄒ려 ᄒ면 (박통상:16)
- 뎌 三台 돈은 밍들기를 잘ᄒ엿고 (박통상:18)
- 南斗 六星 돈은 밍들기를 너모 두렷게 ᄒ엿고 (박통상:18)
- 後面 北斗七星 돈은 밍들기를 잘ᄒ엿고 (박통상:18)
- 뎌 진쥬ㅣ 크기 언메나 ᄒ뇨 (박통상:19)
- 흠ᄭᅦ 귀유에 ᄀ득이 여믈을 주고 자기를 블그매 다ᄃᆞ도록 ᄒ니 (박통상:21)
- 뎌 말 못ᄒᄂᆞᆫ 즘승들흘 먹이기를 이긋 못ᄒ니 (박통상:21)
- 여믈 써흘기를 ᄀᄂᆞᆯ게 ᄒ야 (박통상:21)
- ᄒᄅᆞᆺ밤의 먹이기를 닐곱 여듧 번의 다ᄃᆞ게 ᄒ라 (박통상:21)
- 오늘 비 오니 졍히 바독 두기 됴타 (박통상:21)
- ᄒᆞᆫ 솝ㅅ 비으기ᄂᆞᆫ 발에 신은 거슨 거믄 기ᄌ피예 (박통상:24)

- 흔 솜人 비으기는 흰 기즈피 훠으에 (박통상:27)

- 그저 거즛말 니르기를 잘ᄒ니 (박통상:32)

- 날을 애뻐오ᄂ니라 그리어니 거즛말 니르기를 잘 ᄒᄂ니 (박통상:32)

- 그저 다랍고 빗 지면 거즛말 니르기 잘ᄒ다 (박통상:32)

- 애 貴人을 보기 어렵다 (박통상:34)

- 뎌 쑥을다가 부뷔기를 ᄀ늘게 ᄒ야 (박통상:35)

- 뎨 즘싱 고티기 잘 ᄒᄂ니라 (박통상:38)

- 乾淨흔 싸 나모 아래 믜고 먹이기를 잘 ᄒ라 (박통상:39)

- 네 갓기를 乾淨히 ᄒ고 (박통상:39)

- 넓기를 어듸싄지 ᄒ엿ᄂ뇨 (박통상:44)

- 등 ᄆ디르기는 두 낫 돈이오 (박통상:47)

- 머리 빗기기는 다숫 낫 돈이오 (박통상:47)

- 머리 갓기는 두 낫 돈이오 (박통상:47)

- 발돕 다듬기는 다숫 낫 돈이니 (박통상:47)

- 니르기 어렵다 니르기 어렵다 (박통상:49)

- 네 用心ᄒ여 ᄆᆡᆫ들기를 잘ᄒ면 내 만히 너를 賞錢을 주리라 (박통상:53)

- 그 은을 限이 닉년 아므 ᄃᆞᆯ 닉에 니르게 ᄒ야 갑기를 수에 죡히 ᄒ고 (박통상:54)

- 殿舍는 아직 다 니르디 아니ᄒ거니와 筆舌로도 다 ᄒ기 어려오니라 (박통상:61)

- 네 손에 돈 엇기 어렵다 (박통상:65)

다음은 '번역노걸대'와 '노걸대언해'에 나타나는 이름법 씨끝의 양상이다. '번역노걸대'에서도 번역박통사와 마찬가지로 '-오+ㅁ'형이 가장 많이 나타나며, 다음으로 '-기'형, '-ㅁ'형 순으로 나타나고 있다. 그리고 '노걸대언해'에서도 '박통사언해'와 마찬가지로 '-기'형이 가장 많이 보이고, '-ㅁ'형과 '-오+ㅁ'형은 비슷하게 나타나고 있다.

<-오+ㅁ>형

'번역박통사'와 마찬가지로 '번역노걸대'에서도 '-오+ㅁ'형이 가장 많이 보이고 있다. 16세기에 '-오-'의 소멸이 이름마디 구조에서 시작되나, 여전히 '-오'가 기능을 잘 수행하고 있다고 볼 수 있다. 다음은 '번역노걸대'에 보이는 예문이다.

(117)

- 쏘 엇디 漢語 닐오미 잘 ᄒᆞᄂᆞ뇨 (번노상:2)
- 그 免帖 우희 세 번 마조믈 면ᄒᆞ라 ᄒᆞ야 (번노상:4)
- 네 닐옴도 올타커니와 (번노상:5)
- 일뎡 세 번 마조믈 니브리라 (번노상:5)
- 요ᄉᆞ싀 됴호모로 이 ᄒᆞᆫ 등엣 ᄆᆞᆯ른 열닷 량 우후로 폴오 (번노상:9)
- 네 닐오미 올타 (번노상:11)
- 네 닐오미 내 ᄠᅳᆮ과 ᄀᆞᆮ다 (번노상:11)
- 콩 녀허 두고 믈읫 ᄀᆞ장 것글후미 ᄒᆞᆫ 디위만 ᄒᆞ거든 (번노상:20)

- 믈둘히 분외로 <u>머구믈</u> 빈브려니와 ᄒᆞ다가 (번노상:24)
- 법다이 밉ᄀ로믈 됴히 ᄒᆞ엿ᄂᆞ니라 (번노상:26)
- <u>조심호미샤</u> 됴ᄒᆞ니라 (번노상:27)
- 그리 니ᄅᆞ디 말라 <u>조심호미</u> 됴ᄒᆞ니라 (번노상:34)
- 하늘 붉거든 기들워 날회여 간둘 므스기 저프리오 <u>닐오미</u> 올타 (번노상:31)
- 흔우리 그저 이 뒷더헤 가 뒤 <u>도뇨미</u> 아니 됴ᄒᆞ녀 (번노상:37)
- 우리 ᄒᆞ나히 둘콤 잇거 가 <u>믜요믈</u> 구디 ᄒᆞ라 (번노상:37)
- 디위 <u>쉬요믈</u> ᄀᆞ장 히야든 기들워 머기라 (번노상:31)
- 큰 형님 <u>니르샤미</u> 올ᄒᆞ시이다 (번노상:41)
- 골픈 제 흔 입 어더 <u>머구미</u> 브른 제 흔 말 어둠두곤 더으니 (번노상:41)
- <u>머구미</u> 브르녀 아니 브르녀 우리 ᄀᆞ장 브르이다 (번노상:42)
- 나그내 조차 가 뎌 번다가 주고 <u>머구믈</u> ᄆᆞ차든 (번노상:43)
- 짐 <u>시로믈</u> ᄆᆞ촟 글와 뎌도 밥 어기 ᄆᆞ츠리로다 (번노상:45)
- 우리를 ᄒᆞᄅᆞᆺ밤 재게 <u>호미</u> 엇더ᄒᆞ뇨 (번노상:47)
- 쥬신 형님 <u>닐오미</u> 정히 올타 (번노상:54)
- 이러면 형님 <u>닐우미</u> 올타 (번노상:56)
- 네 <u>닐오미</u> 올타 나도 ᄆᆞᅀᆞ매 이리 너기노라 (번노상:70)

17세기 '노걸대언해'에서는 '-오-'의 소멸의 모습이 많이 발견된다. '-오-'의 소멸로 인해 '-오+ㅁ'형은 16세기에 비해 현저하게 줄어들고 있다. 다음은 '노걸대언해'의 예문이다.

(118)

- 내 <u>혜옴은</u> 예슌 냥이오 (노걸하:10)
- 네 <u>닐오미</u> 맛치 내 뜻과 ᄀᆞᆺ다 (노걸상:10)
- 네 <u>닐옴이</u> 올타 (노걸상:63)
- 네 <u>닐옴이</u> 올흐면 (노걸하:9)
- 네 져기 <u>더로미</u> 엇더ᄒᆞᆫ뇨 (노걸상:21)
- <u>닐오미</u> 올타 (노걸상:28)
- 우리를 ᄒᆞᄅᆞᆺ밤 재게 <u>홈이</u> 엇더ᄒᆞ뇨 (노걸상:43)
- <u>조심호미</u> 도로혀 됴ᄒᆞ니라 (노걸상:24)
- <u>조심호미</u> 도로효 됴ᄒᆞ니라 (노걸상:30)
- 千里엣 나그내를 됴히 보와 보내미 萬里예 일흠을 뎐코져 <u>홈이라</u> (노걸상:40)
- 형의 <u>닐옴이</u> 올타 (노걸상:51)
- ᄒᆞ디위 <u>쉬요믈</u> 잇긋 ᄒᆞ야든 기ᄃᆞ려 (노걸상:28)

<-ㅁ>형

'-오-'의 소멸로 인해 '-ㅁ'형이 보이기 시작한다. '-ㅁ 이름마디'는 16세기까지는 '-오-'가 기능을 잘 하고 있는 상태였기 때문에 '-오+ㅁ'형으로 많이 나타나고, '번역노걸대'에서는 '-ㅁ'형이 많이 보이

지는 않는다. 17세기 '노걸대언해'에서는 '-ㅁ'형으로 나타나는 모습이 16세기보다는 많이 발견된다. 다음은 '번역노걸대'에 보이는 예문이다.

(119)
- 세히 흔 듸 길 녀매 져므니 슈고ㅎㄴ니라 (번노상:34)
- 이 구싯 더히 ㄱ장 어위다 <u>띄우믈</u> 멀즈시 미라 (번노상:38)
- 일빅 낫 돈애 <u>밧고믈</u> 흔 말 뿔옴 ㅎ니 (번노상:54)
- 미실 길 도녀 슈구ㅎ고 <u>머규믈</u> ㄱ장 몯ㅎ야 (번노상:69)

'노걸대언해'에서는 '-ㅁ'형이 '번역노걸대'에 비해 더 많이 나타나고 있다. 다음은 '노걸대언해'에 나타나는 예문이다.

(120)
- 골픈 제 흔 입 어더 <u>먹으미</u> 브른 제 흔 말 어듬도곤 나으니라(노걸상:39)
- 그 免帖 우희 세 번 <u>마즈믈</u> 면ㅎ라 ㅎ여 쓰고 (노걸상:4)
- 네 <u>니르미</u> 올타 (노걸상:10)
- 네 <u>니룸도</u> 올커니와 (노걸상:4)
- 도적돌히 네의 쳔 이시며 쳔 <u>업스믈</u> 엇디 알리오 (노걸상:24)
- <u>마즘을</u> 면ㅎ거니와 (노걸상:4)
- <u>머금이</u> 브르냐 아니 브르냐 우리 ㄱ장 빅브르다 (노걸

상:38)

- 먹음이 엇더ᄒ뇨 (노걸상:54)
- 세 번 마즘을 닙ᄂ니라 (노걸상:4)
- 엇디 漢語 니ᄅᆷ을 잘ᄒᄂ뇨 (노걸상:2)
- 쥬인 형아 니ᄅᆷ이 올타 (노걸상:49)
- 큰 형의 니ᄅᆷ이 올타 (노걸상:37)
- 믈이 ᄒᆫ 디위 ᄀ장 쉬믈 기ᄃ려 (노걸상:22)

<-기>형

16세기에는 '-오+ㅁ'형에 비해서는 아직 적은 편이다. 17세기에는
'-기'가 16세기에 비해 현저하게 많이 나타나고 있다. '-기'가 '-오-'
의 소멸로 인해 '-오+ㅁ'의 기능이 약화되면서 그 기능을 많은 부분
에서 대체하고 있다. 다 음은 16세기 '번역노걸대'에 보이는 '-기'형
이다.

(121)
- 스승님 앏픠셔 사ᄉᆞᆯ ᄲᅢ혀 글 외오기 ᄒ야 (번노상:3)
- 엇디ᄒᆯ 시 사ᄉᆞᆯ ᄲᅢ혀 글 외오기며 엇디 ᄒᆯ 시 免帖 인고
  (번노상:3)
- 이 번 몬 외온 죄를 마초와 티기를 면ᄒ거니와 (번노상:4)
- 네 콩 슘기 아디 몬ᄒᄂ 듯ᄒ고나 (번노상:19)
- 우리 ᄂᆞᆯ실 무슴 노하 가져 네 ᄀ장 일 가기 말라 (번노
  상:26)

- 믈 <u>잇기만</u> ㅎ면 나가디 몯ㅎ리라 (번노상:34)
- 일즉 인방의 <u>나돈니기</u> 니그면 (번노상:41)
- 이 수울 폴 리여 <u>싯구기</u> 잘 ㅎㄴ다 (번노상:65)

다음은 17세기 '노걸대언해'에 보이는 '-기'형이다. 16세기에 비해 현저하게 많이 나타나고 있음을 확인할 수 있다.

(122)
- 닉일 일 녜쟈 예셔 셔울 <u>가기</u> 몃 즘게 길히 잇ㄴ뇨 (노걸 상:9)
- 예셔 셔울 <u>가기</u> 당시롱 五百里 우흐로 잇ㄴ니 (노걸상:9)
- 이 벗아 네 콩 <u>숣기롤</u> 아디 못ㅎㄴ 듯ㅎ다 (노걸상:18)
- 네 블 <u>씻기</u> ㅎㄴ다 블씻기 못ㅎㄴ다 (노걸상:18)
- 내 블 <u>씻기</u> 못ㅎ고 브룸 마시랴 (노걸상:18)
- 법다이 <u>밍글기롤</u> 됴히 ㅎ엿ㄴ니라 (노걸상:24)
- 네 <u>뒷티기</u> 아디 못ㅎ거든 (노걸상:29)
- 이 골이 조브니 믈 <u>잇글기</u> 만히 ㅎ면 디나가디 못ㅎ리라 (노걸상:31)
- 네 믈 깃기 니근 듯 ㅎ괴야 내 믈 <u>깃기</u> 닉디 못호롸 (노걸 상:31)
- 물은 믈 <u>먹기</u> 쟉게 흔다 (노걸상:32)
- 오라 내 시험ㅎ여 믈 <u>깃기</u> 빋화지라 (노걸상:32)
- 在前에 일즉 사롬의 믈 <u>깃기롤</u> 보와시되 일즉 빋호디 아니 ㅎ엿더니 (노걸상:32)

- 다만 계집이 믈 <u>깃기</u> ㅎ되 (노걸상:33)
- 이런 어두온 짜히 뒷간의 <u>가기</u> 어려오니 (노걸상:33)
- 우리 그저 뒷동산의 가 <u>뒤보기</u> 됴티 아니ㅎ랴 (노걸상:33)
- 나는 <u>뒤보기마다</u> 네 길흘 쯰워 ㅎ고 (노걸상:34)
- 길ㅅ애셔 <u>뒤보기</u> 말라 (노걸상:34)
- 우리 흔 사름이 둘식 잇쓰러 가 <u>믜기를</u> 구디 ㅎ라 (노걸상:34)
- 일즙 외방의 <u>나돈니기</u> 니그면 일편되이 나그내를 에엿비 녀기고 (노걸상:37)
- 짐싯기 뭇춤애 미츠면 뎌도 <u>밥먹기</u> 뭇츠리로다 (노걸상:41)
- 이 믈이 엇디 이리 <u>잡기</u> 어려오뇨 (노걸상:41)
- 우리 모든 사름이 에워 막쟈 자바다 짐 <u>싯기</u> 다 ㅎ야다 (노걸상:41)
- 예셔 夏店 <u>가기</u> 당시롱 十里 짜히 이시니 (노걸상:41)
- 네 밥 <u>먹기</u> 뭇차든 둘흐로 ㅎ야 믈 모라 게다가 노ㅎ라 가라 (노걸상:50)
- 우리 <u>밥먹기</u> 뭇차든 여긔들흘 머믈워 짐들 보게 ㅎ고 (노걸상:51)
- 흔듸 잇게 ㅎ라 <u>보슬피기</u> 쉽게 ㅎ라 (노걸상:52)
- 믈읫 우리 짐들흘 收拾<u>ㅎ기를</u> 극진히 ㅎ고 (노걸상:53)
- 예셔 夏店 <u>가기</u> 언멋 길히 잇느뇨 (노걸상:53)
- 우리 高麗ㅅ 사름은 즌 국슈 <u>먹기</u> 닉디 못ㅎ여라 (노걸상:54)

- 이 술 뜨는 이 <u>싯구기</u> 잘 ᄒᆞᄂᆞᆫ고나 (노걸상:59)
- 미일 길 ᄃᆞ녀 슈구ᄒᆞ고 <u>먹키기를</u> ᄀ장 못ᄒᆞ야시니 (노걸
  상:63)

지금까지 16세기 문헌인 '번역박통사(16세기초)', '번역노걸대(16세
기초)'와 17세기 문헌인 '박통사언해(1677)', '노걸대언해(1670)'에 나
타난 이름법 씨끝의 변화 모습을 살펴보았다. 두 종류의 문헌을 통해
17세기의 이름마디 구조를 일반화할 수는 없지만, 대체적인 모습은
짐작할 수 있다. 16세기에는 '-오-'를 선접한 '-오+ㅁ'형이 많이 유지
되고 있다. 그러나 17세기에는 많이 줄어든 모습으로 나타나고 있다.
반면에 '-오-'를 선접하지 않은 '-ㅁ'형과 '-기'형은 '-오+ㅁ'형과는
반대의 모습으로 나타나고 있다. 특히, '-기'형의 활성화가 눈에 띈다.
　'-기 이름마디'는 15세기부터 있었으나 미비하였고, 16세기부터 본
격적으로 이름법으로 기능하기 시작하는데, 위의 결과에서 보듯이,
17세기에는 그 세력을 많이 확장시키고 있다.
　'-기'가 굴곡의 가지로 기능이 확대되면서, '-ㅁ'과의 충돌은 불가
피하게 되었다. 결국 굴곡의 가지로서의 '-기'는 '-ㅁ'의 범위를 침범
하게 되고, 그 결과 '-ㅁ 이름마디'는 위축이 된다고 볼 수 있다. '-ㅁ
이름마디'가 위축이 되었다는 근거는 '-ㅁ 이름마디'에 항상 선접했
던 '-오-'가 소멸의 모습을 보인다는 것이다. 공시적으로 공존하는 두
언어 형식 중에서 어느 하나가 세력을 확장하여 다른 하나의 영역을
침범하면 그 하나는 소멸하게 되는 것이 언어 변화의 일반적인 원리
인데, '-ㅁ'과 '-기'의 충돌과 결과가 이와 비슷하다고 볼 수 있다.

‘-오-’의 소멸에 따른 ‘-ㅁ 이름마디’의 위축은 ‘-기 이름마디’를 확대시키는데, ‘-오-’의 소멸에 의한 ‘-오+ㅁ>(-ㅁ)>-기’의 변화의 모습을 ‘번역노걸대(16세기 초)’와 ‘노걸대언해(1670)’, ‘번역소학(1518)’과 ‘소학언해(1587)’. ‘번역박통사(16세기 초)’와 ‘박통사언해(1677)’의 비교를 통해 확인하면 다음과 같다.

(123)

　　이런 어두은 싸해 뒷간의 :가미 어렵다 (번노상:37)

　　어런 어두온 싸히 뒷간의 가기 어려오니 (노걸상:33)

(124)

　　예셔 셔울 :가매 (번노상:10)

　　예서 서울 가기 (노걸상:9)

(125)

　　오늘 비 오니 졍히 바독 두미 됴토다 (번박상:22)

　　오늘 비 오니 졍히 바독 두기 됴타 (박통상:21)

(126)

　　해 귀흔 사ᄅᆞᆫ 보미 어렵도다 (번박상:37)

　　애 貴人을 보기 어렵다 (박통상:34)

(127)

　　오직 흥졍호미 맛당하고 나드리 홈도 훤츨타 (번노하:71)

오직 買賣ᄒ기 맛당ᄒ고 츄입이 통달ᄒ다 (노걸하:64)

(128)

님자 어도미 어려오니라 (번노하62)

님자 엇기 어려오니라 (노걸하56)

(129)

우리 그저 이 뒷터헤 가 뒤 ᄃ뇨미 아니 됴ᄒ녀 (번노상:37)

우리 그저 뒷동산의 가 뒤 보기 됴티 아니ᄒ랴 (노걸상:33)

(130)

사ᄅ미 짓글휴믈 크게 ᄒᄂ다 (번노하:36)

사ᄅ미 짓괴기를 크게 ᄒ더니 (노걸하:33)

(131)

ᄆ실 길 ᄃ녀 슈구ᄒ고 머규믈 ᄀ장 몯ᄒ야 이시니 (번노
상:69)

ᄆ일 길 ᄃ녀 슈구ᄒ고 먹키기를 ᄀ장 못ᄒ야시니 (노걸
상:63)

(132)

우리 ᄒ나히 둘콤 잇거 가 ᄆ요믈 구디 ᄒ라 (번노상:37)

우리 ᄒ 사름이 둘식 잇스러 가 ᄆ기를 구디 ᄒ라 (노걸
상:34)

(133)

　법다이 밍가로믈 됴히 ᄒᆞ엿ᄂᆞ니라 (번노상:26)

　법다이 밍글기를 됴히 ᄒᆞ엿ᄂᆞ니라 (노걸상:24)

(134)

　머구믈 ᄆᆞ차든 (번노상:43)

　먹기 ᄆᆞ차든 (노걸상:38)

(135)

　법다이 밍ᄀ로믈 (번노상:26)

　법다이 밍글기를 (노걸상:24)

(136)

　잔 머구모로 노픈 이를 삼고 (번소6, 19)

　잔 먹움기로써 노픈 허울을 삼고 (소학5, 18)

(137)

　ᄒᆞ마 누우조미 어려오니라 (번소6, 19)

　이믿 뉘옷기 어려우니라 (소학5, 18)

(138)

　사치예 ᄃᆞ루ᄆᆞ 쉽고 (번소10, 30)

　샤치ᄒᆞᆫ 듸 들기ᄂᆞ 쉽고 (소학6, 129)

(139)

　　튝판으로 담애 마가 <u>미요믈</u> 구디 ᄒ고 (번박상:10)

　　담 ᄧᄂᆞᆫ 널로 담 머리예 막아 <u>미기를</u> 굿이 ᄒ고 (박통상:10)

(140)

　　ᄆᆞ롯쇠 다님쇠 <u>밍ᄀ로믈</u> 경묘히 ᄒ고 (번박상:15)

　　ᄆᆞᆯ쇠와 뭇금쇠를 <u>민들기를</u> 輕妙히 ᄒ고 (박통상:15)

(141)

　　네 이 다ᄉᆞᆺ가짓 갈히 이리 <u>밍ᄀ로믈</u> 곱고 조케 ᄒ면 (번박
　　상:16)

　　네 이 다ᄉᆞᆺ 발 칼을 이리 <u>민들기를</u> 곱고 乾淨히 ᄒ려 ᄒ면
　　(박통상:16)

(142)

　　뎌 앏ᄌᆞ믈 돈 세 나츤 <u>밍ᄀ로미</u> 됴코 (번박상:19)

　　뎌 三台 돈은 <u>민들기를</u> 잘ᄒ엿고 (박통상:18)

(143)

　　앏픳 륙셩 돈은 <u>밍ᄀ로미</u> 너므 두렵고 (번박상:19)

　　南斗 六星 돈은 <u>민들기를</u> 너모 두렷게 ᄒ엿고 (박통상:18)

(144)

　　닉일 시노려 <u>미도미</u> 어려우니라 (번박상:76)

닉일 어더 신기를 <u>밋기</u> 어렵다 (박통상:67)

(145)

뒷 칠셩 돈도 <u>밍ㄱ로미</u> 됴코 (번박상:19)

後面 北斗七星 돈은 <u>민들기를</u> 잘ᄒ엿고 (박통상:18)

(146)

딥 <u>사ᄒ로믈</u> ᄀᄂ리 ᄒ라 (번박상:21)

여믈 <u>써흘기를</u> ᄀᄂᆯ게 ᄒ야 (박통상:21)

(147)

뿍을 가져다가 <u>부븨요믈</u> ᄀᄂ리 ᄒ야 (번박상:38)

뎌 쑥을다가 <u>부뷔기를</u> ᄀᄂᆯ게 ᄒ야 (박통상:35)

(148)

조흔 싸해 나모 미틔 미여 두고 머규믈 됴히 ᄒ라 (번박
상:43)

乾淨흔 싸 나모 아래 미고 <u>먹이기를</u> 잘 ᄒ라 (박통상:39)

(149)

네 <u>갓고믈</u> 조히 ᄒ라 (번박상:44)

네 <u>갓기를</u> 乾淨히 ᄒ고 (박통상:39)

(150)

    닐우미 어려우며 <u>닐우미</u> 어려우니라 (번박상:55)

    니르기 어렵다 <u>니르기</u> 어렵다 (박통상:49)

(151)

    ᄌ셕 <u>길우미</u> ᄀ장 어렵도다 (번박상:57)

    ᄌ식 <u>기르기</u> ᄀ장 어렵더라 (박통상:51)

(152)

    그 은을 릭년 아모 ᄃᆞᆯ 닉예 긔혼ᄒᆞ여 가포ᄆᆞᆯ 수에 죡게 호
리라 (번박상:61)

    그 은을 限이 닉년 아므 ᄃᆞᆯ 닉에 니르게 ᄒᆞ야 갑기ᄅᆞᆯ 수에
죡히 ᄒᆞ고 (박통상:54)

(153)

    네 소내 쳔 <u>어두미</u> 어렵다 (번박상:74)

    네 손에 돈 <u>엇기</u> 어렵다 (박통상:65)

    위의 (123)~(153)은 '-ㅁ'의 위축에 따른 '-기' 확대의 모습이다. 위
의 결과를 보면, '-오+ㅁ'이 '-ㅁ'을 거치지 않고, 직접 -기 유형으로
변화되는 모습이 많이 발견된다. 그런데 이현규(1975)에서는 '-옴>-
ㅁ>-기'의 단계적인 변천 과정을 설정하여 '-오-'가 소멸된 후의 '-
ㅁ'이 '-기'와 같은 입장이 되었을 때, '-기'가 세력을 확대했을 것으
로 설정하고 있는데, 위의 예문을 검토해 본 결과 단계적인 과정을

거치지 않고 변화한 경향이 크다는 것을 확인할 수 있었다. 이는 이름마디가 단계적으로 변천 과정을 따른 것이 아니라 '-기'의 활발한 사용과 '-오-'의 소멸로 인해 변천된 것이라고 설명할 수 있을 것이다.21)

2.2. 15세기~16세기 '-기 이름마디'

(1) 15세기 '-기 이름마디'

15세기 '-기 이름마디'도 '-ㅁ 이름마디'와 같이 여러 월성분으로 기능하지만 '-ㅁ 이름마디'에 비해 제한적이고, 활성화되어 있지 않다. 특히 임자말로 기능하는 예는 매우 적고, 대부분 부림말로 기능한다. 여기에서는 임자말로 기능하는 경우와 부림말로 기능하는 경우만 살펴보겠다.

① 임자말로 기능

임자자리토씨 '-이'는 '-기' 앞에서 드러나지 않는다. 다음은 '-옷'과 결합하여 임자말로 기능하고 있는 예인데, '-오-'를 선접하지 않았다.

---

21) 전정례(1991)에서도 '-기'의 확대와 관련하여 다음과 같이 설명하고 있다. '-기'는 15세기 국어에서는 용례도 적고 내포문을 구성하는 기능을 가졌다기보다는 파생의 접사에 불과하였던 것인데, 16세기 이후에는 그 용례가 눈에 띄게 많아졌으며 명사화 내포문의 구성에 적극적으로 참여하게 되었다. 이러한 '-기'의 통사적 기능 확대는 '-옴'과의 충돌을 피할 수 없게 하였으며, '-옴'형은 '-기'에도 그 자리를 내어 주게 되었던 것이다.

(154)

磨滅호매 <u>글호기옷</u> 나맷ᄂ니 = 磨滅餘篇翰 (두언15:24)

② 부림말로 기능

토씨 '-를'과 결합하여 부림말로 기능하기도 하고, 토씨가 생략되어 나타나는 경우도 있다. 15세기 '-기 이름마디'는 대부분 부림말이다.

(155)

- 남진 <u>어르기를</u> 하며 (월석1:44)
- 그 머근 후에사 <u>믈보기를</u> ᄒ니 (월석1:43)
- <u>布施ᄒ기를</u> 즐겨 (석보6:13)
- 오직 <u>절ᄒ기를</u> ᄒ야 (석보19:30)
- 有德ᄒᆫ 사ᄅ믈 셰어 받 <u>ᄂ호기를</u> 快케 ᄒ니 (석보9:19)
- 가야미 사리 오라고 <u>몸닷기</u> 모ᄅᄂ 돌 (월석:170)
- 믈 <u>求ᄒ기</u> 몰롬 ᄀᆮᄒ니라 (법화4:91)

위에 보인 '-기'의 예는 굴곡의 가지이지만, 파생의 가지처럼 보이는 예들이다. 허웅(1975:636)에서는 '-기'는 '-ㅁ'과 다른 점이 있다고 하였다. 첫째, '-ㅁ'은 그 용례를 얼마든지 구할 수 있어서, 활용의 씨끝임이 분명하나, '-기'는 그 용례가 그리 많이 나타나지 않는다. 둘째, '-ㅁ'은 대부분의 경우 속구조의 풀이말로 쉽사리 이해되는데, '-

기'는 그러한 예가 오히려 적다. 셋째, '-ㅁ'은 '-오/우-'이외에 '-습-', '-으시-'와 같은 안맺음씨끝을 앞세울 수 있으나 '-기'는 그렇지 않다. 이러한 사실로 보면, '-ㅁ'은 분명한 활용의 씨끝임에 비해, '-기'는 파생의 가지에 오히려 가까운 것으로 생각하였다. 그리고 '-기'는 파생의 가지에서 그 생산성을 획득하여, 활용의 씨끝으로 변화해 왔을 가능성이 짙다고 하였다.

(2) 16세기 '-기 이름마디'

16세기에 '-기'는 굴곡의 가지로 기능이 확대된다. '-기'에 의한 이름마디 예문이 15세기에 비해 많이 나타나기 시작한다. 16세기에 '-기'가 파생의 가지로 기능하고 있는 예를 먼저 보면 다음과 같다.

(156)
- 메우기옷 됴ᄒ면 다 긴티 아니ᄒ도다 (번박상:19)
- 글ᄒᄂ 집과 부듸 양ᄌᄅᆯ 그듸 아쳗디 아니홀시 글지싀와 글스기로 지븨 올아 그듸를 爲ᄒ야 쓰러 ᄇ리노라 (두언 25:49)
- 나 밧 스승의게 나아가 밧긔셔 이시며 자며 글쓰기며 산계ᄅᆯ 빈ᄒ며 (소학1:4)
- 아히 일어든 象으로 춤츠며 활쏘기와 어거ᄒ기를 빈홀디니라 (소학1:5)
- 셋재 글온 여슷 가짓 진죄니 례절과 음악과 활쏘기와 어거ᄒ기와 글쓰기과 산계홈이니라 (소학1:11)

- 射義예 글오딕 <u>활쏘기는</u> 나ᅀ며 믈으며 두루 돌오믈 반ᄃ시 禮예 맛게 홀디니 (소학3:19)

- 이믜 ᄌ라 <u>글ᄒ기</u>예 나아가 드듸여 큰 션ᄇᆡ 되시니라 (소학4:4)

- 나랏 큰 일이 <u>졔ᄒ기</u>와 다뭇 군쁢애 이시니 (소학4:51)

- <u>숡블 쥐기</u> ᄒ며 (번박:18)

- 學校ㅣ란 거슨 禮義로 서르 몬져 홀 ᄯᅡ히어늘 둘마다 글 지서 두토게 호미 ᄌ모 ᄀᆞᄅ쳐 내는 길히 아니니 쳥컨딘 <u>ᄀᆞᆯ히기</u>란 말오 (번소9:16)

- 張思叔이 안잣는 올흔 녀긔 경계ᄒ는 그를 셔 닐오딕…거름거리며 <u>붋드듸기</u>를 모로매 안셔히 샹심ᄒ야 ᄒ며 (번소8:16)

- 집을 졍호딕 네 가짓 례도로 ᄒ니 첫 곳갈 스기며 <u>혼인ᄒ기</u>며 샹시며 졔ᄉ러라 (번소9:95)

- 公綽이 닐우딕 네 우리 형뎨 업스신 아비 丹州ㅣㅅ ᄀᆞ올 원 가 겨시거늘 뫼ᄉ와실 졔 <u>글ᄒ기</u>를 일우디 몯호모로 (번소9:103)

- <u>활쏘기</u>를 뭇고 뎐하로 ᄒ여곰 거러 드러가게 ᄒ시니 (산성:127)

16세기에 들어서면서 '-기'는 굴곡의 가지로서의 기능을 확대하게 된다. 다음은 '-기'가 이름마디로서 기능을 하고 있는 예이다.

① 임자말로 기능

주로 토씨가 생략된 상태로 임자말로 기능하고, 또한, '-조차', '-
는'과 결합하여 임자말로 기능한다. '-오-'를 선접하지 않는다.

(157)

- 씌두라도 이믯 <u>뇌웃기</u> 어려우니라 (소학5:18)
- 스랑ᄒ미 둏ᄒ매 졍이 <u>츰기</u> 어렵고 (은중:15)
- <u>자시기조차</u> 그런컨댜 ᄒ노라믄 는 (청주간찰:79)
- 슬 마리 무진호듸 몯 스노라 내 <u>ᄇ라기는</u> 됴히 이과댜 (청
  주간찰:65)
- 音이 上去셩이 서르 섯기여 뼈 과글리 <u>고티기</u> 어려온디라
  (소학범:3)

② 부림말로 기능

토씨 '-를'과 결합하여 부림말로 기능하고, 16세기 '-기 이름마디'
는 대부분 부림말이다.

(158)

- 셰쇽애 사르미 <u>혼인ᄒ기를</u> 너무 일ᄒ야 (번소:30)
- 禮는 졀ᄎ를 넘구디 아니ᄒ며 침노ᄒ며 업슈이 <u>너기기를</u>
  아니ᄒ며 (소학3:3)

- ᄉ나희와 겨지비 돗글 ᄒᆞ가지로 아니ᄒᆞ며 먹기를 ᄒᆞᆫ ᄃᆡ 아니홀디니라 (소학1:4)

- 凶ᄒᆞ니ᄂᆞᆫ 말ᄉᆞᆷ이 詭ᄒᆞ고 …어딘 사ᄅᆞᆷ 믜기를 원슈 ᄀᆞᆮ티 ᄒᆞ며 (소학5:28)

- 이제 ᄉᆞ태위 居喪애 고기 먹으며 술 마시기를 샹해와 달음 업고 (소학5:49)

- 우리…황호 사기를 의론 호리라 (번노하:56)

- 믈읫 사ᄅᆞᆷ이 ᄌᆞ식 되연ᄂᆞᆫ 이 잇기를 奧애 主티 아니ᄒᆞ며 안씨를 돗씌 가온대 아니ᄒᆞ며 ᄃᆞ니기를 길헤 가온대 아니ᄒᆞ며 셔기를 문에 가온대 아니ᄒᆞ며 (소학2:10)

- 보기를 수이 보내소…후에 가부ᄒᆞ소 (청주간찰:190)

- 벼슬ᄒᆞ여서 ᄒᆞ욜 법이 오직 세 이리 잇ᄂᆞ니 청렴홈과 조심홈과 브즈런홈괘니 이 세 이를 알면 내몸 가지기를 알리라 (번소7:27)

- 계오 열 설에 큰 치위와 덥고 비 올 제라두 뫼셔 섯기를 날이 뭇도록 ᄒᆞ야 (소학6:2)

- 橫渠 先生이 일즉 ᄀᆞᆯᄋᆞ샤ᄃᆡ 어버이 셤기며 제ᄉᆞᄒᆞ기를 엇디 可히 ᄂᆞᆷ으로 ᄒᆡ여곰 ᄒᆞ리오 (소학5:39)

- 그러면 므던ᄒᆞ니 쉬이 저를 고틸 거시니 구틔여 골 브티기 말라 (번박상:13)

- 엇던 말소미어시뇨 령공하 어듸쓴 샹급ᄒᆞ시기를 ᄇᆞ라리잇가 (번박상:60)

- 그 아비 文淵閣애셔 황뎻 앏픠…ᄒᆞᆫ 디위 탕 자시기 뭇고 (번박상:64)

- 우흿 사룸 셤기며 사룸 딗졉호기를 호글ᄀ티 믿비호야 (번소10:21)
- 이 둙이 처엄 울어든…髦를 ᄲᆯ며 머리 믿기를 ᄲᆯ 나게 호며 (소학2:4)
- 네 용모를 正히 호며 듣기를 반ᄃ시 온공히 호며 (소학2:60)

③ 위치말, 방편말로 기능

위치말은 토씨 '-예'에 의해, 방편말은 '-으로'에 의해 기능한다.

(159)

- 우리 이 호룻밤 자기예 사룸과 믈둘해 ᄣᅳᆫ 거시 모도와 언맨고 (번노상:22)
- 文中子ㅣ 닐오ᄃᆡ 혼인호기예 쳔량호며 져고믈 의론호믄 되의 이리니 (번소7:32)
- 그 녇재ᄂᆞᆫ 놀기를 슝샹호야 됴히 너기며 麴蘗을 耽호야 즐겨 잔 먹움기로ᄢᅥ 노픈 허울을 삼고 (소학5:18)
- 님금과 신하와 벋괘 다 공경호기로 웃드믈 사믈디니라 (번소7:42)

정리하면 16세기의 '-기 이름마디'는 파생의 가지로서의 기능도 하지만, 굴곡의 가지로서의 기능으로 그 영역을 점점 더 넓혀가는 시작의 단계였다고 볼 수 있다.

2.3. 17세기 '-기 이름마디'의 체계 형성

이름마디 구성에 관여했던 '-오-'의 소멸은 '-기 이름마디'의 활성화에도 영향을 주게 된다. '-기 이름마디'는 15세기부터 있었으나 미비하였고, 16세기부터 본격적으로 이름법으로 기능하기 시작하는데, 17세기에는 그 세력을 많이 확장시키고 있다. 이러한 '-오-'의 약화와 소멸의 과정을 통해 17세기 '-기 이름마디'가 형성되는데, 어떠한 양상으로 '-기 이름마디' 구조가 변화되었는지 확인해 보겠다. 다음은 17세기 '-기 이름마디'의 예문이다.

(1) 임자말로 기능

'-기 이름마디'가 임자말로 기능할 때에는 토씨가 대체로 생략된다. 이것은 '-기'자체가 '-ㅣ'를 포함하기 때문에 임자자리토씨 '-이'가 드러나지 않는 것이다.

> (160)
> - 개 분로ᄒᆞ여 글오ᄃᆡ <u>죽기</u> 진실로 분이라 (동신충1:20)
> - 사ᄅᆞᆷ이 다 ᄒᆞᆫ 번 <u>죽기</u> 이시니 (동신충1:23)
> - 朱子ㅣ 글ᄋᆞ샤ᄃᆡ 녜 <u>가기</u> 더옥 머니 (가례1:37)

(2) 부림말로 기능

'-기 이름마디'가 부림말로 기능할 때에는 토씨 '를/ᄅᆞᆯ'이 주로 결합한다. 그리고 토씨가 생략되는 경우도 있다.

<-룰/를>

(161)

- 그 門에 니르거든 戒홀 바 者ㅣ 나와 <u>보기를</u> 常해 녜フ티 ᄒ고 (가례3:3)

- 容모를 正히 ᄒ고 南向ᄒ야 <u>셧기를</u> 良久히 ᄒ라 (가례 3:10)

- 믈읫 우리 짐들흘 <u>收拾ᄒ기를</u> 극진히 ᄒ고 (노걸상:53)

- 도적이 와 다와다 톀환이 <u>오기ᄂᆞᆯ</u> 비 フ티 ᄒ니 (동신충 1:57)

- 뉴종개ᄂᆞᆫ 녜안현 사ᄅᆞᆷ이니 셩이 쥬역 <u>넑기ᄂᆞᆯ</u> 즐기고 (동신 충1:61)

- 콩을 젹게 먹고 비쇠ᄒ면 플을 토ᄒ여 <u>번위ᄒ기ᄂᆞᆯ</u> 만히 ᄒ고 (마경상:36)

- 간풍은 간열이 ᄇᆞ롬을 냄이니 <u>다치기ᄂᆞᆯ</u> 넘우 셩히 홈을 인연ᄒ야 (마경상:97)

<토씨 생략>

(162)

- 차 <u>먹기</u> ᄆᆞ차든 戒ᄒᄂᆞᆫ 者ㅣ 니러서 닐러 글오ᄃᆡ (가례 3:3)

• 우리 밥먹기 뭇차든 여긔들흘 머믈워 짐들 보게 ᄒ고 (노
걸상:51)

(3) 위치말로 기능

'-기 이름마디'가 위치말로 기능할 때에는 토씨 '-예, -에'와 결합
한다.

(163)
• 스나히는 살아실 제 畵像이 이시나 쓰기예 오히려 뜯 업거
든 (가례5:20)
• 쏘 옷깃 짓기예 쓸 배 므슴 뵈로 호믈 니르디 아니ᄒ고 (가
례6:9)
• 코를 쁘임은 삼쵸의 열을 셜홈이오 보기에 됴홈을 위홈이
아니라 (마경상:45)
• 코 쁘이기과 피 쌔이기과 블로 지지기에 금긔ᄒᄂ니라 (마
경상:48)

(4) 견줌말로 기능

'-기 이름마디'가 견줌말로 기능할 때에는 토씨 '과'와 결합하는 것
이 원칙이지만, 생략되는 경우도 있다. 안은마디의 풀이말이 '굳다,
다르다'일 경우에 견줌말로 많이 기능한다.

(164)

- 흔대 사름이 다 <u>죽기야</u> 다르랴 ㅎ야 싸호더니 (동신충1:2)
- 코히셔 고롬피 흐르고 숨쉬기 <u>톱질ㅎ기</u> ㄱ튼 이ᄂ (마경
  상:37)

(5) 방편말로 기능

'-기 이름마디'가 방편말로 기능할 때에는 토씨 '-ᄋ로'와 결합한
다. 16세기부터 '-뻐'가 연결되는 꼴이 보이기 시작한다.

(165)

- 당당이 흔 <u>죽기로뻐</u> 나라흘 가포리라 (동신충1:55)
- 飮食 머글 제 반ᄃ시 어론의 後에 ㅎ야 비로소 <u>謙讓ㅎ기</u>
  <u>로뻐</u> ㄱ르치며 (가례2:24)
- 甚흔 者ᄂ <u>奉先ㅎ기로뻐</u> 計교ㅎ디 아니코 (가례7:18)

(6) '-이(라)' 앞의 이름씨로 기능

다음은 '-기 이름마디'가 잡음씨 '-이(라)' 앞의 이름씨로 기능하는
예이다.

(166)

- 믈에 둠가 적셔 입 안해 머금기라 (마경하:17)
- 골믹혈을 쌔이고 쳥ᄃᆡ산을 입 안해 <u>머곰기라</u> (마경하:16)

17세기 '-기 이름마디'도 여러 월성분으로 기능하고 있다. 이미 '-기'는 이 시기에 많은 분포를 보이고 있다. 이것은 '-기'가 이름마디로서의 기능을 온전하게 잘 수행하고 있음을 의미하는 것이다.

지금까지 '-오-'의 기능 약화와 소멸의 과정을 통해 '-기 이름마디'가 활성화되는 과정을 살펴보았다. 이름마디 구성에 관여했던 '-오-'의 소멸은 이름마디 체계의 변화를 가져오게 되었다. 특히 '-기'의 기능이 활성화되는 계기가 되었다. '-기 이름마디'는 15세기부터 있었으나 미비하였고, 16세기부터 본격적으로 이름법으로 기능하기 시작하는데, 17세기에는 그 세력을 많이 확장시키고 있다. '-기'가 굴곡의 가지로 기능이 확대되면서, '-ㅁ'과의 충돌은 불가피하게 되었고, 결국 굴곡의 가지로서의 '-기'는 '-ㅁ'의 범위를 침범하게 되고, 그 결과 '-ㅁ 이름마디'는 위축이 된다고 볼 수 있다. '-ㅁ 이름마디'가 위축이 되었다는 근거는 '-ㅁ 이름마디'에 항상 선접했던 '-오-'가 소멸의 모습을 보이고 있다는 점이다. '-오-'의 소멸은 기존의 이름마디 체계가 변화하는 계기가 되었던 것이다.

3. 이름마디의 다양화

　'-오-'의 소멸은 '-ㅁ 이름마디'의 위축, '-기 이름마디'의 활성화 뿐만 아니라 형태론적 구성으로 나타나던 이름마디를 통어론적 구성으로 변화시키기도 하고, 어찌말이나 이름씨로 대체하기도 한다. 국어의 역사에서 '-음'과 '-기'에 의해 실현된 이름마디는 17세기에 체계를 갖추었다. 이 과정에서 이름씨다운 '-오-'의 소멸 과정과 '-기'의 활성화가 나타나며, '-ㅁ'과 '-기'의 기능이 명확하게 체계화되지 못함으로써 형태론적 구성을 회피하고 통어론적 구성으로 대체하고자 하는 문법 변화가 일어난다. 특히 '회피'와 '대체' 과정은 표현의 다양성을 유발하는 요인이라는 점에서 문법 변화의 일반 원리와 상통한다.

3.1. 통어론적 구성으로의 변화

　'-오-'의 소멸로 인한, '-ㅁ 이름마디'의 위축은 형태론적인 구성으로의 변화뿐만 아니라, 통어론적 구성으로의 변화도 가져온다. 이름마디의 기능을 하게 되는 '-ㄴ 것' 구성이 등장하고, 이름마디 기능을 하지 않는 매김마디 구성으로도 나타나게 된다. 형태론적 구성의 기능이 불완전할 경우 통어론적 구성으로 변별력을 강화하는 것이 문법 변화의 한 원리인데, 이름마디 구조도 형태론적 구성의 불완전성을 해소하기 위해 통어론적 구성으로 변화를 하게 된다고 볼 수 있다. 현대국어에서는 형태론적 구성의 이름마디보다 통어론적 구성의 이

름마디가 훨씬 자연스럽고, 생산성이 높게 나타나고 있다.[22]

먼저, 이름마디의 기능을 하게 되는 '-ㄴ 것' 구성의 등장을 살펴보자. 매인 이름씨 '것'의 기능 약화로 인해 선행하는 '-ㄴ'과 '것'이 긴밀하게 결합함으로써 '-ㅁ', '-기'와 같이 이름마디로서의 기능을 하게 된다. '-오-'의 소멸에 의한 '-오+ㅁ>(-ㅁ)>-ㄴ 것'으로 교체되는 과정을 '번역박통사(16세기 초)'와 '박통사언해'(1677)', '번역노걸대(16세기 초)'와 '노걸대언해(1670)', '몽어노걸대(1741)', '청어노걸대(1765)'를 비교하면 다음과 같다.

(167)

우리 벋지어 :가미 마치 됴토다 (번노상:8)

우리 벗 지어 가미 마치 됴토다 (노걸상:7)

흠끠 벗 지어 가는 거시 더옥 올흐니라 (청노1:11)

(168)

골픈 제 흔 입 어더 머구미 브른 제 흔 말 어둠두곤 더으니 (번노상:43)

골픈 제 흔 입 어더 먹으미 브른 제 흔 말 어듬도곤 나으니라 (노걸상:39)

---

22) ㄱ. 나는 집에 <u>감이</u> 싫다.
ㄴ. 나는 집에 <u>가기</u> 싫다.
ㄷ. 나는 집에 <u>가는 것이</u> 싫다.

위의 예문에서 모국어 화자들이 자연스럽게 받아들일 수 있는 월은 ㄴ, ㄷ이고, ㄱ은 부자연스럽다. ㄱ은 부자연스럽기 때문에 ㄴ이나 ㄷ으로 교체하는 방법이 고려되는 것이다. 현대국어에서 이름마디의 생산성을 보면 '-ㄴ/ㄹ 것)-기)-ㅁ' 순이다. 이를 통해서도 형태론적 구성의 불완전성을 통어론적 구성이 대체할 수 있을 것이라고 추론할 수 있을 것이다.

주릴 지 흔 번 어더 <u>먹</u><u>거시</u> 부를 씨 흔 말 뿔 엇는 거세
셔 나으니라 (몽노3:8)

빈 곫흘 째예 흔 입 <u>먹</u><u>거시</u> 브를 제 흔 말 뿔 엇나니 (청
노3:11)

(169)

사오나온 일란 펴내요미 ㄱ장 사오나온 이리라 (번노하:44)

사오나온 일란 드러내미 ㄱ장 사오나온 일이라 (노걸하:40)

사온나온 일만 내여 니ᄅᄂ 거시 ㄱ장 사오나온 일이라 (몽
노7:1)

(170)

큰 형님 <u>니ᄅ샤미</u> 올흐시이다 (번노상:41)

큰 형의 <u>니롬이</u> 올타 (노걸상:37)

큰 兄의 <u>니ᄅ 거시</u> 올타 (몽노3:5)

형아 네 <u>니ᄅ 말이</u> 올타 (청노3:8)

(171)

관원들히 골겨 더도다 두워 두워 더로미 아니 하다 (번박
상:4)

官人들이 골겨 더도다 두어 두어 감흔 거시 하디 아니흐다
(박통상:4)

(172)

두 舍人의 <u>비서이쇼미</u> ▽장 아름다오니 (번박상:30)

두 舍人의 <u>비온 거시</u> 風風流流ᄒ고 (박통상:28)

위의 (167)~(172)의 예문은 '-오+ㅁ>(-ㅁ)>-ㄴ 것'의 유형이다. '-오
-'의 소멸로 인한 '-ㅁ 이름마디'의 위축은 '-ㄴ 것 이름마디'를 등장
하게 하였고, '-오+ㅁ'의 기능을 대체하기 시작하였다.

17세기는 '-ㄴ 것 이름마디'가 등장하는 시기인데, '-ㄹ 것 이름마
디'는 보이지 않고, '-ㄴ 것 이름마디'만 보인다. '-ㄴ 것 이름마디' 구
조는 '것'이 매인이름씨처럼 기능하는 것이 아니라, 매김법 '-ㄴ'과
'것'이 합쳐져 도움풀이씨처럼 앞의 풀이씨의 행동이나 상태 그 자체
를 가리키는 데 쓰인다. 이런 경우의 '-ㄴ+ 것'은 긴밀한 통합관계가
이루어져, 이 통합체가 이름씨처럼 여러 월성분으로 기능한다. 다음
은 17세기 '-ㄴ 것 이름마디'의 예이다.

(173)

ㄱ. 隣里ᄂᆞᆫ 날노 더브러 ᄒᆞᆫ가지로 흔듸셔 살아 잇ᄂᆞᆫ 것 업
ᄂᆞᆫ 거슬 서ᄅᆞ ᄌᆞ뢰ᄒᆞ며 (경민중:8)

ㄴ. 가난ᄒᆞ야 굴머 <u>丐乞(개걸)</u>ᄒᆞᄂᆞᆫ 거시 다 이 소업을 브즈
런이 아니 ᄒᆞᄂᆞᆫ 사ᄅᆞᆷ이라 (경민중:10)

ㄷ. 공양ᄒᆞ기ᄅᆞᆯ 넙이 ᄒᆞᄂᆞᆫ 거시 그 유익디 아니홈을 붉이
가히 알찌라 (경민중:36)

ㄹ. 두 舍人의 <u>비온 거시</u> 風風流流ᄒ고 (박통상:28)

(173ㄱ~ㄹ)은 '-ㄴ'과 '것'이 긴밀하게 통합되어 이름마디의 구조를
이루고 있다. (173ㄱ)은 '살아 있음'의 상태, (173ㄴ)은 'ᄯᅙᄒ다'의
행동, (173ㄷ)은 'ᄒ다'의 행동, (173ㄹ)은 '비오다'의 행동 그 자체를
가리키는 데 쓰이고 있다. 통어론적 구성이 형태론적 구성처럼 인식
되어 하나의 월성분으로 기능한다. (173ㄱ)은 부림말, (173ㄴ~ㄹ)은
임자말로 기능하고 있다.

다음으로, '-오+ㅁ'>'통어론적 구성(매김마디)'의 과정을 '번역노걸
대(16세기 초)'와 '노걸대언해(1670)', '몽어노걸대(1741)', '청어노걸
대(1765)'를 비교하면 다음과 같다.

(174)

    이제 시개 닷 도내 ᄒ 근시기니 므슴 혜아료미 이시리오
    (번노하:57)

    이제 시개 닷 돈에 ᄒᆫ 근식이니 므슴 혜아림이 이시리오
    (노언하:51)

    이제 져제 갑슨 닷돈의 ᄒ 斤식이라 ᄒ니 므슴 혜아릴 곳이
    이시리 (몽노8:3)

    이제 겨제 삽시 스믈닷兩에 ᄒ 兩 ᄡ니 므슴 혜아릴 곳이
    이시리오 (청노8:3)

(175)

　　네 닐옴도 올타커니와 (번노상:5)

　　네 니름도 올커니와 (노걸상:4)

　　네 니르는 말이 올커니와 (몽노1:6)

(176)

　　각각 사르미 다 웃듬으로 :보미 잇ᄂ니라 (번노상:5)

　　각각 사름이 다 主見이 잇ᄂ니라 (노걸상:4)

　　사름이 各各 다 아는 곳이 잇ᄂ니라 (몽노1:6)

(177)

　　우리 이 물돌히 믈 아니 머것더니 흔디워 쉬요믈 ᄀ장 히야
　　든 기들워 머기라 가져 (번노상:31)

　　우리 이 물들흘 일즙 믈 머기디 아녓더니 흔디워 쉬요믈 잇
　　굿ᄒ야든 기ᄃ려 머기라 가쟈 (노걸상:28)

　　이 물을 믈 먹이지 못ᄒ얏ᄃ니 흔 번 쉬기를 기다려 먹이라
　　가쟈 (몽노2:16)

　　우리 이 물을 믈 먹이지 못ᄒ여시니 이 쉬는 결을에 믈 먹
　　이라 가쟈 (청노2;20)

(178)

　　사르미 짓글휴믈 크게 ᄒᄂ다 (번노하:36)

　　사름이 짓괴기를 크게 ᄒ더니 (노걸하:33)

　　사름이 만히 지져괴모로 (몽노7:2)

사름이 지져괴는 소리예 (청노7:3)

(179)

큰 형님 니르샤미 올흐시이다 (번노상:41)

큰 형의 니름이 올타 (노언상:37)

큰 兄의 니르는 거시 올타 (몽노3:5)

형아 네 니르는 말이 올타 (청노3:8)

(174)는 '혜아룜>혜아림>혜아릴 곳'으로, (175)는 '닐옴>니름>니르는 말'로, (176)는 ':보미>主見>아는 곳'으로, (177)은 '쉬욤>쉬윰>쉬기>쉬는 결을'로 (178)은 '짓글훔>짓괴기>지져괌>지져괴는 소리'로, (179)는 '니르샴>니름>니르는 것>니르는 말'로 변화하고 있다. 이 예문들도 '-ㄴ 것' 구성과 같은 이유에서 변화의 과정을 겪었다고 볼 수 있다. 형태론적 구성의 기능이 불완전할 경우 통어론적 구성으로 변별력을 강화하는 것이 문법 변화의 한 원리인데, 형태론적 구성의 불완전성을 해소하기 위해 통어론적 구성으로 변화한다고 볼 수 있다.

3.2. 다른 표현으로 대체

'-오-'의 소멸로 인한 '-옴/-음'의 이름마디 구성의 약화는, 이를 보완하기 위한 장치로 '어찌말', '이름씨' 등으로 교체하려는 경향이 나타난다.

시기가 다른 3종류의 두 판본을 비교해 보면 다른 이름마디로 변화하지 않고, 어찌말로 대체하거나, 이름씨로 대체하여 쓴 현상이 두

드러진다. 이러한 현상은 문헌 집필자의 문체론적 특징으로 간주할 수도 있으나, 지금까지 살펴본 이름마디의 변화 과정을 고려할 때, 이러한 대체 현상이 일어나는 것도 '-오-'의 소멸과, 이와 맞물린 '-기'의 활성화에서 비롯되는 혼란을 피하기 위한 장치로 해석할 수 있다. 이러한 과정은 표현의 다양성을 유발하는 요인이라는 점에서 문법 변화의 일반 원리와 상통한다.

  (1) 어찌말로 대체

  '-오-'의 소멸에 따른 '-ㅁ 이름마디'의 위축의 결과 어찌말로 대체되고 있는 예문을 '번역소학(1518)'과 '소학언해(1587)', '번역박통사(16세기초)'와 '박통사언해'(1677), '노걸대언해(1670)', '몽어노걸대(1741)', '청어노걸대(1765)를 비교하면 다음과 같다.

    (180)
        오직 노릇샛 말ᄒᆞ요믈 즐기고 녯 도리 ᄉᆞ랑호믈 아니ᄒᆞ야
        (번소6:19)
        오직 희롱엣 말을 즐기고 녯 도리 싱각디 아니ᄒᆞ야 (소학
        5:17)

    (181)
        ᄢᅴ우믈 멀즈시 미라 (번노상:38)
        ᄢᅴ워 멀즈시 미라 (노걸상:34)

(182)

　　너희 수울 즐기디 마로믈 警戒ᄒᆞ노니 (번소6:23)

　　너를 술 즐기디 말라 경계ᄒᆞ노니 (소학5:22)

(183)

　　어르믈 블오ᄃᆡ 뻐딜가 저홈 ᄀᆞ티 ᄒᆞ노니 (번소6:27)

　　어름을 블옴애 오직 뻐러딜가 두려 ᄒᆞ노니 (소학5:25)

(184)

　　믈들히 분외로 머구믈 빈브르려니와 (번노상:24)

　　믈들히 分外로 머거 빈브르려니와 (노걸상:22)

(185)

　　우리 벋지서 :가미 (번노상:8)

　　우리 벗지어 가미 (노걸상:30)

　　우리 벋ᄒᆞ야 가면 (몽노1:11)

(186)

　　세히 ᄒᆞᆫᄃᆡ 길 :녀매 (번노상:34)

　　세 사ᄅᆞᆷ이 홈ᄭᅴ 녜매 (노걸상:30)

　　세 사ᄅᆞᆷ이 홈ᄭᅴ 갈쩌 (몽노2:21)

(187)

　　머구미 브르녀 아니 브르녀 (번노상:42)

머그미 브르냐 아니 브르냐 (노걸상:38)

먹어 빅부르냐 아니냐 (몽어3:7)

(188)

머구믈 ᄆᆞ차든 (번노상:43)

먹기 ᄆᆞ차든 (노걸상:38)

먹어든 (몽노3:7)

(189)

엇디 ᄒᆞ나토 뿌매 마즈니 업스뇨 (번박상:32)

엇디 ᄒᆞ나토 뻠즉ᄒᆞ니 업ᄂᆞ뇨 (박통상:29)

(190)

흔 푼 니쳔도 갑포믈 즐겨 아니ᄒᆞᄂᆞ다 (번박상:34)

一 分 利錢도 즐겨 갑디 아니ᄒᆞ니 (박통상:31)

(191)

가문을 빗내요미 엇더ᄒᆞᆯ고 (번박상:50)

門閭에 光顯ᄒᆞ면 엇더ᄒᆞ뇨 (박통상:45)

(192)

너희 둘히 긋구틔여 됴홈 구즘 분간ᄒᆞ거라 말라 (번노
하:57)

너희 둘히 구틔여 됴홈 구즘을 분변티 말라 (노걸하:51)

너희 둘히 固 ᄒ여 됴홈 사오나오믈 ᄃ토디 말라 (몽노8:3)

너희 둘히 죠흐며 죠치아님을 ᄃ토지 말라 (청노8:3)

(193)

네 의심 말오 흥졍 ᄆ초미 므던ᄒ다 (번노하60)

네 의심 말고 흥졍 ᄆ춤이 무던ᄒ다 (노걸하54)

疑心 말고 흥졍ᄒ면 얻더ᄒ니 (몽노88)

(180)~(193)은 '-ㅁ 이름마디'가 '어찌말'로 대체되고 있는 예이다. 이렇게 어찌말이 이름마디 구조를 대체하는 것은 '-오-'의 소멸과, 이와 맞물린 '-기'의 활성화에서 비롯되는 혼란을 피하기 위한 방편으로서의 장치였다고 볼 수 있을 것이다.

(2) 이름씨로 대체

'-오-'의 소멸에 따른 '-ㅁ 이름마디'의 위축의 결과 이름씨로 대체되고 있는 예문을 '노걸대언해'류의 비교를 통해 살펴보겠다.

(194)

엇디 漢語 닐오미 잘 ᄒᄂ뇨 (번노상:2)

엇디 漢語 니름을 잘 ᄒᄂ뇨 (노걸상:1)

漢말을 엇지ᄒ아 잘 아ᄂ다 (몽노1:2)

(195)

   데셔 곧 믈 져제 :감도 또 갓가오니라 (번노상:11)

   데셔 곳 믈 져제 가미 또 갓가오니라 (노걸상:10)

   져긔셔 믈 져지도 갓가오니라 (몽노1:14)

(196)

   네 닐오미 올타 (번노상:11)

   네 니르미 올타 (노걸상:10)

   네 말이 올타 (몽노1:15)

   (194)~(196)은 '-ㅁ 이름마디'가 '이름씨'로 대체되고 있는 예이다.
이렇게 이름씨가 이름마디 구조를 대체하는 것은 어찌말로 대체되는
경우와 같이, '-오-'의 소멸과, 이와 맞물린 '-기'의 활성화에서 비롯
되는 혼란을 피하기 위한 장치였다고 볼 수 있을 것이다.

4. 정리

17세기 이름마디 체계가 형성되는 과정을 '-오-'의 소멸 과정을 통해 살펴보았다.

17세기 이름마디의 두드러진 특징은 '-옴'과 '-음'의 분포이다. 이는 '-오-'의 소멸 과정과 밀접한 관계가 있다. '-오-'의 소멸로 인한 '-옴, -음' 이름마디 구성의 약화는 이름마디 구조에서 '-ㅁ 이름마디'의 위축, '-기 이름마디'의 활성화, '이름마디 구조의 다른 구조로의 대체' 등의 여러 변화를 가져 온다. 즉, '-오-'의 소멸은 이름마디 체계의 변화를 가져오게 되는데, 이러한 변화의 과정을 통해 이름마디 체계가 형성되어 온 것이다.

'-오-'의 소멸에 따른 '-ㅁ 이름마디'의 위축은 '-기 이름마디'의 활성화에 영향을 미치게 된다. '-기 이름마디'는 15세기부터 있었으나 미비하였고, 16세기부터 본격적으로 이름법으로 기능하기 시작하는데, 17세기에는 그 세력을 많이 확장시키고 있다. '-기'가 굴곡의 가지로 기능이 확대되면서, '-ㅁ'과의 충돌은 불가피하게 되었고, 결국 굴곡의 가지로서의 '-기'는 '-ㅁ'의 범위를 침범하게 되고, 그 결과 '-ㅁ 이름마디'는 위축이 된다고 볼 수 있다.

'-오-'의 소멸에 따른 '-ㅁ 이름마디'의 위축은 형태론적 구성으로 나타나던 이름마디를 통어론적 구성으로 변화시키기도 하고, 어찌말이나 이름씨로 대체하기도 한다. 전자는, 형태론적 구성의 기능이 불완전할 경우 통어론적 구성으로 변별력을 강화하는 것이 문법 변화의 한 원리인데, 이름마디 구조도 형태론적 구성의 불완전성을 해소하기 위해 통어론적 구성으로 변화를 하게 되었다고 볼 수 있다. 후자는 '-오-'가 소멸되는 과정에서 '-옴, -음' 구성의 약화와 '-기'의 활성화에서 비롯되는 과정에서 특별한 장치로 해석할 수 있을 것이다.

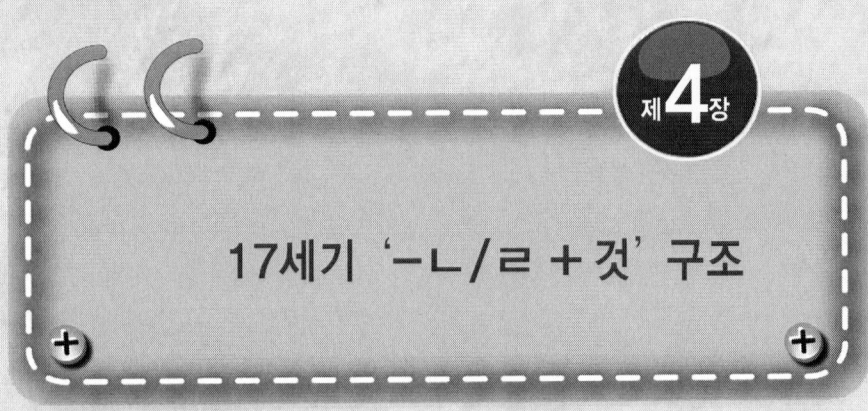

제 **4** 장

17세기 '-ㄴ/ㄹ + 것' 구조

‘-오-’의 소멸에 따른 ‘-ㅁ 이름마디’의 위축은 형태론적 구성으로
나타나던 이름마디를 통어론적 구성으로 변화시키기도 하였다. 이름
마디에서 형태론적 구성이 통어론적 구성으로 변화하는 것은 이름법
씨끝의 기능과 관련이 있는 것으로 보인다. 즉, 통어론적 구성인 ‘-ㄴ/
ㄹ 것’이 형태론적 구성인 ‘-옴/-음’의 불완전성으로 인해 ‘-옴/-음’의
기능을 대체한다고 볼 수 있다.

　‘-ㄴ/ㄹ 것’ 구조가 이름마디로 기능을 하게 되면서, 통어론적 구성
이 형태론적 구성으로 인식되게 되는데, 기존의 통어론적 구성으로 인
식되는 경우와 어떻게 다른지 구별할 필요성이 있다. 또한, 일반적으
로 문법 변화에서 “어제의 통어론은 오늘의 형태론”이라는 명제가 통
용되는데, ‘-ㄴ/ㄹ 것 이름마디’의 구조는 문법 변화가 역방향으로 진
행된다. 이처럼 역방향의 문법 변화가 일어난 요인은 무엇이며, 다시
역방향의 문법화가 다시 형태론적 구성으로 변화하게 되는데, 어떠한

기제가 적용되어 문법 변화를 가져왔는지를 파악할 필요가 있다.

그래서 4장에서는 17세기의 '-ㄴ/ㄹ 것' 구조가 통어론적 구성으로 인식되는 경우와 형태론적 구성으로 인식되는 경우를 살펴보고, '-ㄴ/ㄹ 것' 구조의 변화가 '것'의 문법 변화와 관련이 있을 것이라는 추정 아래, '것'이 어떻게 변화되는지 문법화의 기제를 적용하여 살펴볼 것이다.

1. '-ㄴ/ㄹ 것' 구조

17세기에는 '-ㄴ/ㄹ 것'의 구조가 두 가지의 모습으로 나타나고 있다. 통어론적 구성으로 인식되는 구조와 통어론적 구성이지만 형태론적 구성으로 인식되는 구조이다. 전자는 '-ㄴ/ㄹ 것'의 구조에서 '것'이 완전이름씨와 같은 기능을 함으로써 통어론적 구성으로 인식되는 매김마디 구조이고, 후자는 '-ㄴ/ㄹ 것'의 구조에서 서로 이웃하고 있는 '-ㄴ/ㄹ'과 '것' 사이에 긴밀한 통합관계가 이루어져 그 결과 결합관계로 인식되고 있는 이름마디 구조와 둘 사이에 더 긴밀한 통합관계가 이루어져 양태적 기능을 하는 '-ㄴ/ㄹ 것이-' 구조이다.[23]

1.1. 통어론적 구성

17세기에 '-ㄴ/ㄹ 것' 구조가 통어론적 구성으로 인식되는 경우는

---

23) 권재일(1992)에서 양태(modality)는 화자의 주관적인 태도와 관련되는 문법적 관념으로서, 활용에 의한 굴곡적 층위를 비롯하여, 명사, 동사, 부사 등의 어휘적 층위, 어순 등의 통사적 층위, 억양 등의 음운적 층위에 두루 걸쳐 실현되는 범주라고 설명하고 있다. 이러한 양태는 첫째, 일에 대한 화자의 태도, 둘째, 청자에 대한 화자의 태도로 나뉜다고 하였다. 여기에서의 양태의 개념도 화자의 주관적인 태도와 관련된 문법적 관념으로 정의하겠다.

'-ㄴ/ㄹ'과 '것' 사이가 서로 긴밀한 관계가 아니어서, 각각 독립적으로 기능을 하는 경우이다. 의미적으로도 매김법씨끝에 선행하는 풀이씨와 매인이름씨 '것'은 각각 독립적인 의미를 갖는다. 현대국어의 예를 들면 다음과 같다.

(197) 철수는 먹을 것을 버렸다.

위의 예에서 '먹을 것'의 '먹다'와 '것'은 서로 매김말과 부림말의 독립적인 기능을 하고 있고, 각각 독립적인 의미를 지니는데, '먹다'는 기본적인 '먹다'를 '것'은 '음식'의 의미를 가진다.

(1) '-ㄴ 것' 구조

'-ㄴ 것'에서 '-ㄴ'은 '-은'이 결합된 매김마디를 통합해서 말한다. '-ㄴ매김마디'의 풀이씨는 '움직씨, 그림씨'와 '-이(라)'를 모두 가려 잡는다. 풀이말이 나타낼 수 있는 문법 범주는 매김법, 때매김법, 높임법이 있다. 때매김법은 확정법, 현실법, 회상법, 완결법이 나타나고, 높임법은 주체높임법, 객체높임법이 나타난다. '것'은 '-은/은, -이, -을/을, -도' 등의 토씨들과 결합하여, 여러 월성분으로 기능한다. 즉, '-ㄴ'과 '-것'은 각각 독립적인 기능을 하고 있는 것이다. 여기에서는 '-ㄹ 것' 구조와 구별을 위해 때매김을 기준으로 '-ㄴ 것' 구조를 분류해 보겠다.

① 확정법

확정법은 '움직씨+은'으로 나타난다.

(198)

- 너희 둘히 샐리 니러 <u>자븐 것</u> 서러 저 짐 시르라 (노걸
  상:53)
- 아모 거시나 잡습고져 ᄒ시거든 <u>가져간 거슬</u> 앗기디 말고
  (계축하:5)
- 임의 남은 곰촌 <u>거시</u> 업슨디라 (여훈상:8)
- <u>플은 거시</u> 입 어귀예 ᄀ리오면 (마경상:30)

② 현실법

현실법은 '움직씨+ᄂ', '그림씨, 잡음씨+은'으로 나타난다.

<움직씨 + ᄂ>

(199)

- ᄀ올히 <u>거두ᄂ 거슨</u> 늠의게셔 비비ᄒ야 (경민중:11)
- 세간에 <u>쓰ᄂ 거슨</u> 한말이니 (노걸상:5)
- 드리더라헌 신을 쓰더 <u>신ᄂ 거슬</u> 기워 신으디 (계축하:41)
- 相公이 알거든 믈읫 <u>주ᄂ 거시</u> 곳 올흔 갑시니 (박통
  하:26)

<그림씨, 잡음씨 + 은>

(200)

- 天理 運然ᄒ여 ᄆᆰ고 ᄇᆞᆰ근 거시 몸애 이셔 (여훈하:23)
- 빅셩의 犯키 쉬온 거슬 드러 열 세 됴건을 ᄒ야 (경민중: 서2)
- 우리 밋ᄌᆞ오시리 업시 이 늙은 거슬 미더 겨오시고 (계축 상:34)
- 이 ᄀᆞᆮ흔 녜 뜬 싱이 비륵 내 나는 더러운 거슬 인ᄒ야 (권 념:19)
- 밥 먹글 제는 입에 먹검즉흔 거슬 굴ᄒ여 먹더라 (노걸 하:48)
- 소곰이란 거슨 혹 바다 소곰 ᄀᆞᆺ흐되 (자초:6)
- 힝역이란 거슨 콩과 가트니 (두창상:46)

③ 회상법

회상법은 '-더+은'으로 나타난다.

(201)

- 싱심도 다른 길노 나가디게 말고 저 사던 거슬 더러 보내 디 마ᄅ쇼셔 (계축상:31)
- 됴셕의 무덤의 올라 울고 졔ᄒ며 거상 믄고 신쥬를 셔이고 닙던 거시며 (동신열2:27)

- 내 쵸남기 이시니 평일의 <u>잇던 거시로</u> (계축하:43)

④ 완결법

완결법은 '-아시(앗)+ᄂ'으로 나타난다.

(202)

- 힝혀 사름을 불너 <u>왓ᄂ 거시</u> 아니라 밋븐 길노 아라시니
  (계축하:3)
- 비록 <u>자반ᄂ 거시</u> 다 올ᄒ야도 (가례2:8)

(2) '-ㄹ 것' 구조

'-ㄹ + 것'에서 '-ㄹ'은 '-을'이 결합된 매김마디를 통합해서 말한
다. '-ㄹ매김마디'의 풀이씨는 '움직씨, 그림씨'와 '이다'를 모두 가려
잡는다. 풀이말이 나타낼 수 있는 문법 범주는 때매김법, 높임법이 있
다. 때매김법은 미정법만 나타나고, 높임법은 주체높임법만 보인다.
'것'은 '-은/은, -이, -을/을, -도' 등의 토씨들과 결합하여, 여러 월성
분으로 기능한다.

    <미정법>

    (203)

- 在下ㅣ 年幼ᄒ니 德이 可히 <u>表ᄒᆯ 거시</u> 업고 (박통하:58)

- 이 비록 녜文이 可히 발明홀 거시 업사나 (가례6:11)
- 셔울 머글 거시 노든가 흔튼가 (노걸상:8)
- 비록 념녀 흔들 엇디 홀 거시 아니 어니와 (계축상:16)
- 됴셕 잡습던 반찬이나 머글 거슬 세 집 둉의 넘게 ᄒ시고
  (병자:126)

1.2. 형태론적으로 인식되는 구성

형태론적 구성으로 인식되는 통어론적 구성에는, 이름마디로서 '-ㄴ 것'의 구조와 양태적 기능을 하는 '-ㄴ/ㄹ 것이-'의 구조로 나눌 수 있다.

먼저, 이름마디의 '-ㄴ 것'의 구조는 '것'이 완전이름씨처럼 기능하는 것이 아니라, '-ㄴ'과 '것'이 합쳐져서, 앞의 풀이말의 행동이나 상태 그 자체를 가리키는 데 쓰인데, 이런 경우 형태론적 구성으로 인식하게 된다. 허웅(1983)에서도 형태적 짜임새로 다루어지는 통어적 짜임새를 설명하고 있다. 허웅(1983)을 보면, 매인이름씨는 형식상으로 앞의 매김말에 매여 있는 점 매인 풀이씨와 같다. 그러나 그 뜻은 비록 옹근이름씨처럼 충실하지는 못하나, 어떠한 일이나 물건을 가리키는 점으로는 옹근이름씨와 같다. 이를테면, '가는 이'의 '이'는 '사람'을 가리키고, '먹을 것'의 '것'은 '음식'을 가리키고, '할 줄', '갈 수'의 '줄, 수'는 '수단, 방법'을 뜻한다. 그러므로 매인이름씨는 '준자립형식'으로 보아 이런 짜임새는 통어적 짜임새로 다룬다. 그러나 매인이름씨 가운데는, 어떤 일이나 물건을 가리키는 것이 아니라, 앞의 풀이씨의 행동이나 상태 그 자체를 가리키는 데 쓰이는 것이 있다.

이름꼴의 '-음'은 입말로서는 그리 잘 쓰이지 않고, 그 대신 '-하는 것'이란 표현이 잘 쓰이는데, 이러한 '것'은 어떠한 사물을 가리키지 않는다. 곧 '웃은 것'은 '웃었음'과 같은 뜻으로, '웃은 움직임' 그 자체를 가리키게 된다. 이런 경우를 형태적 짜임새로 다루어지는 통어적 짜임새라고 하였다.

다음으로, 둘 사이에 더 긴밀한 통합관계가 이루어져 양태적 기능을 하는 '-ㄴ/ㄹ 것이-'의 구조가 있다. 서로 이웃하고 있는 '-ㄴ/ㄹ'과 '것이(라)' 사이에 긴밀한 통합관계가 이루어져 그 결과 형태론적 구성으로 인식되며, 양태적 기능을 갖는다. 이 경우에 '-ㄴ/ㄹ+것이-'는 때매김의 안맺음씨끝으로 대체하여 양태적 의미를 가질 수 있다. 현대국어에서의 예를 들면 다음과 같다.

(204)

　ㄱ. 나는 지금 집에 <u>갈 것이다.</u> (의지)

　ㄴ. 나는 지금 집에 <u>가겠다.</u> (의지)

(205)

　ㄷ. 내일 비가 <u>올 것이다.</u> (추측)

　ㄹ. 내일 비가 <u>오리라/오겠다.</u> (추측)

위의 예에서 (204ㄱ)의 '-ㄹ 것-'은 (204ㄴ)의 안맺음씨끝 '-겠-'으로 대체할 수 있는데, '-겠-'과 '-ㄹ 것이-'는 둘 다 '의지(의도)'의 양태적 의미를 갖는다. 또한 (205ㄷ)의 '-ㄹ 것-'은 (205ㄹ)의 안맺음씨끝 '-겠-'과 '-(으)리-'로 대체할 수 있는데, '-겠-/-(으)리-'와 '-ㄹ 것이-'는 둘 다 '추측(추정)'의 양태적 의미를 갖는다.

(1) 이름마디 구조

17세기 국어에서는 '-ㄹ 것 이름마디'는 보이지 않고, '-ㄴ 것 이름 마디'만 보인다. 이는 이름마디가 결합할 수 있는 때매김법이 현실법 과 완결법에 연결되기 때문이다. '-ㄴ 것 이름마디'에서도 매김법 씨 끝이 '현실법('움직씨'일 때는 '-ᄂᆞ/는', '그림씨'와 '이다'일 때는 '-은 /ㄴ')+것-'인 경우만 이름마디를 이룰 수 있다. 'ㄴ 것' 구성이 이름마 디 구조임을 확인하기 위해서는, '-ㄴ 것'을 이름법 '-음(-ㅁ)'으로 대 체하면 되는데, '-ㅁ'으로 대체가 되면 이름마디 구조라 할 수 있을 것이다.

(206)

* 가난ᄒᆞ야 굴머 [丐乞(개걸)ᄒᆞᄂᆞᆫ 거시] 다 이 소업을 브즈 런이 아니ᄒᆞᄂᆞᆫ 사ᄅᆞᆷ이라 (경민중:10)
→ 가난ᄒᆞ야 굴머 [丐乞(개걸)홈이] 다 이 소업을 브즈런 이 아니ᄒᆞᄂᆞᆫ 사ᄅᆞᆷ이라

* 공양ᄒᆞ기를 넙이 [ᄒᆞᄂᆞᆫ 거시] 그 유익디 아니홈을 붉이 가 히 알띠라 (경민중:36)
→ 공양ᄒᆞ기를 넙이 [홈이] 그 유익디 아니홈을 붉이 가히 알띠라

위의 예들은 모두 통어론적 구성이지만, 형태론적 구성으로 인식되며, 이름법 '-음(-ㅁ)'으로 대체 가능하다. 의미적으로도 '것'이 '지시'나 '대용'의 의미를 갖는 것이 아니라, '-ㄴ'과 '것'이 통합되어 앞의 풀이말의 동작이나 상태 그 자체를 나타내고 있다.

17세기에는 '-ㄴ 것 이름마디'가 현실법을 실현하는 경우만 나타나지만, 현대국어에서는 '-ㄴ 것 이름마디'는 현실법이나 완결법을, '-ㄹ 것 이름마디'는 미정법을 실현할 수도 있다.

(207)

- 나는 집에 <u>오는 것</u>이 싫다.(현실)→ 나는 집에 <u>오기</u>가 싫다.

- 나는 어제 늦게 <u>간 것</u>을 후회한다.(완결)→ (?) 나는 어제 늦게 <u>갔음</u>을 후회한다.

- 나는 눈이 <u>올 것</u>을 알았다.(미정)→ (?) 나는 눈이 <u>오겠음</u>을 알았다.

위의 예에서 보듯이, 현대국어에서 완결이나 미정은 이름마디로 잘 돌려지지 않는다. 그것은 '-ㅁ'이 '매김법+것' 구조로 대치된 것이 현실법에서 시작된 이유 때문일 것이다.[24] 또한, 이 구조들은 원래의 '-ㅁ 이름마디'에서 온 구조가 아니라 '-는 것' 구조에 유추된 것으로 보아야 할 것이다.[25] 따라서 17세기에는 완결, 미정의 구조에서 '-ㄴ

---

24) · 관원들히 굴겨 더도다 두워 두워 <u>더로미</u> 아니하다 (번박상:4)
  官人들이 굴겨 더도다 두어 두어 <u>감흐 거시</u> 하디 아니ᄒ다(박통상:4)
  · 두 숨人의 <u>비서이쇼미</u> ᄀ장 아름다오니 (번박상:30)
  두 숨人의 <u>비온 거시</u> 風風流流 ᄒ고 (박통상:28)
25) 전정예(2005)에서 유추란 두 요소의 공통점을 닮아가려는 심리적 추론 과정이다. 즉, 유추는 A:B=C:X라

것, -ㄹ 것' 이름마디의 예가 보이지 않은 듯하다.

　(2) 양태적 의미 구조

　'-ㄴ/ㄹ 것이-'의 구조는 둘 사이에 더 긴밀한 통합관계가 이루어져 양태적 의미를 갖게 된다.

　'-ㄴ/ㄹ 것이-' 구성은 의미 내용과 문법 범주가 변화 과정에 있다.[26] 먼저 의미 내용의 변화를 보자. 매인 이름씨 '것'에 대해 표준국어대사전(1999)을 보면, 기본적인 의미는 사물, 일, 현상 따위를 추상적으로 이르는 말이라고 정의하고 있다. 이러한 '것'이 '-ㄴ 것이다' 구성으로 쓰이면 말하는 이의 확신, 결정, 결심 따위를 나타내는 말이고, '-ㄹ 것이다' 구성으로 쓰이면 말하는 이의 전망이나 추측, 또는 주관적 소신 따위를 나타내는 말이라고 정의하고 있다. 정리하면 '-것'은 형태는 같지만, '것'이 독립적이 기능을 할 때에는 '지시, 대용'의 의미이지만, '-이다'와 결합할 경우에는 '양태'의 의미로 변화한다고 볼 수 있다. 다음으로, 문법 범주의 변화를 보면, 이름씨처럼 독립적인 월성분의 기능을 하는 매인이름씨가 '-이(라)'와 결합하면서 매인이름씨 통합관계로 변화하게 된다. 즉, 통어론적인 구성이 형태론적인 구성으로 인식되게 된다. 예를 들면 다음과 같다.

는 등식으로 성립되며 이때 X는 B와 같은 형식으로 추론되는 것이다. 유추는 형태 변화뿐만 아니라, 어휘 변화 그리고 통사 변화의 원리로 작용할 수 있으나, 다분히 심리적인 추론에만 의존하는 것으로 과학적인 분석으로 볼 수 없고, 심리적 오류가 발생할 수 있는 소지가 있다고 하였다.

26) Hopper(1993)에서 의미 변화의 양상은 '대상〉공간〉시간〉양태성'으로 의미가 전이된다고 하였다.

(208)

　ㄱ. 봄과 녀름 머글 거슬 혜아려 구디 간슈ᄒ고 (경민중:13)

　ㄴ. 主人아 내 닉일 오경 두에 일 갈 거시니 (노걸상:20)

　(208ㄱ)의 '-ㄹ 것' 구성은 '매김마디 구조'로서, 풀이말의 '먹다'와 매인이름씨 '것'이 통어론적으로 구성되어 있고, 의미도 각각 독립적인 의미를 가지고 있다. 반면에 (208ㄴ)의 '-ㄹ 것' 구성은 통어론적 구성이지만, 형태론적 구성으로 인식되고 있고, 의미도 각각 독립적으로 쓰이지 않고, 하나가 되어 '의지'라는 양태적 의미로 변화하여 쓰이고 있다.

　위에서 설명하였듯이 매김마디 구조는 매인이름씨 '것'이 토씨 '-은/은, -이, -을/을, -도' 등과 결합하여 여러 월성분으로 기능하지만, 형태론적으로 인식되는 '-ㄴ/ㄹ+것이-' 구성은 '것'이 '-이(라)'와만 결합하고, 앞의 풀이말과 통합하여 풀이말로만 기능하고 있다.

　17세기 자료를 보면, '-ㄴ/ㄹ 것이-' 구성 중에, '-ㄹ+것이-' 구성이 '-ㄴ+것이-' 구성보다 훨씬 많이 쓰이고 있다.[27] '-ㄹ+것이-' 구성이 많이 쓰이고 있다는 것은 그만큼 문법화가 많이 진행될 수 있는 조건을 가졌다는 것이다. 언중들의 입에 오르는 빈도가 높은 말일수록 문법화가 더 많이 진행되기 때문이다. '-ㄹ 것이-' 구성은 이미 16세기에서부터 많이 쓰였고, 17세기에는 현대국어의 용법과 비슷하게 쓰이고 있다. 현대국어로 올수록 '-ㄹ 것이-' 구성은 더 문법화되어, 음운이 탈락하고 씨끝으로 변화하는 경향이 많아진다.[28]

---

27) 안주호(1997)에서는 '-ㄹ'이 선행하는 경우 문법화가 진전되는 것은 '-ㄹ'의 의미특성과 관련이 있다고 하였다. '-ㄹ'이 [-완료]의 의미를 가지고 있어서 '추정'이나 화자의 '의지나 의도'를 나타낼 수 있기 때문이라고 하였다.

① '-ㄴ + 것이-' 구조

'-ㄴ 것이-' 구성은 '-ㄹ 것이-'구성보다 문법화가 덜 진행되었다.
형태론적 구성으로 인식될 때는 '완결, 회상, 현실'의 양태적 의미를
갖는다.[29] 완결, 회상, 현실의 때매김 안맺음씨끝으로 대체가 가능하
며, '-것'의 의미는 독립적이지 않아, 선행어와 긴밀해져 형태론적 구
성으로 인식된다.

<완결>

(209)

· 대군이 주란 거시면 주식을 내여주고 (계축상:27)
　→ 대군이 주랐으면 주식을 내여주고
· 徐五의 집의셔 흔 거시라 (박통중:25)
　→ 徐五의 집의셔 하엿다

<회상>

(210)

· 어셔 먹어라 긔우로 고기 아니 먹던 거시라 (계축하:32)
　→ 어셔 먹어라 긔우로 고기 아니 먹더라

---

28) ㄱ. 철수는 미리 밥을 [[[먹을] 것]을] 생각했다.
　　ㄴ. (화자) 밥을 미리 [[먹을 것]을] 그랬나.
　　ㄷ. (화자) 밥을 미리 [먹을걸].
29) 신선경(1993)에서는 '강조'나 '단정'의 의미로 쓰인다고 하였다.

- 듕환이는 아히 제브터 <u>보던 거시니</u> (계축상:45)
  → 듕환이는 아히 제브터 <u>보았더니</u>

<현실>

(211)
- 이대도록 거르기 니르디 아니셔도 자네 처엄 <u>일이신 거시</u>
  <u>니</u> (첩해초1:6)
  → 이대도록 거르기 니르디 아니셔도 자네 처엄 <u>일이시니</u>
- 人生이 氣血을 숨흐야 알프며 フ려온디롤 <u>아니 거시니</u> (가
  례5:22)
  → 人生이 氣血을 숨흐야 알프며 フ려온디롤 <u>아니</u>

② '-ㄹ + 것이-' 구조

'-ㄹ + 것이-' 구성은 '-ㄴ+것이-' 구성보다 문법화가 더 진행되었
다.30) 이 구조에서 매김법씨끝에 선행하는 풀이씨는 '움직씨, 그림
씨', '-이(라)' 모두를 가려잡고, '의지(의도), 추측(추정)'의 양태적 의
미를 갖는다.

  <추측(추정)>

---

30) 허원욱(2005)에서는 '형식적 매김마디'로 설명하고 있다.

'-ㄹ 것이-' 구성이 추측(추정)의 의미를 갖는 경우이다. 다음의 예문은 안맺음씨끝 '-으리-'로 대체할 수 있다.

(212)
- 네 이 아히들히 ᄒ다가 사름곳 되면 세 오리 길헤 가온대로 ᄃᆞ닐 거시라 (노걸하:38)
  → 네 이 아히들히 ᄒ다가 사름곳 되면 세 오리 길헤 가온대로 ᄃᆞ니리라
- 므릇 너희 어딘 빅셩이 웃듬으로 맛당이 더 <u>힘쁠 쁘시니</u> (경민중:29)
  → 므릇 너희 어딘 빅셩이 웃듬으로 맛당이 더 <u>힘쓰리니</u>

다음은 '추측'의 양태적 의미로 쓰이고 있는 '-ㄹ 것이-' 구성의 예문이다.

(213)
- 부톄 쏘흔 돕디 <u>아닐 거시니</u> (경민중:34)
- ᄒᆞᆫ 나그내 두 쥬인을 적시디 <u>못홀 쁘시니</u> 엇디ᄒ려뇨 (노걸상:47)
- 내 한말을 아디 못ᄒ니 길헤 <u>먹을 쁘시며</u> (노걸하:5)
- 네 닐옴이 올흐면 두세 말애도 흥졍이 즉재 <u>일 쁘시니</u> (노걸하:9)
- 텬도ᄂᆞᆫ 수히에 법을 펴고 ᄒᆞᆫ 됴뎡을 위티 <u>못 홀 거시니라</u>

(계축상:1)

- 이제 나가면 죄를 벗고 궐듕의 이시면 죄 <u>더을 거시니</u> (계
축상:4)

<의지(의도)>

'-ㄹ 것이-' 구성이 의지(의도)의 의미를 갖는 경우이다. 안맺음씨
끝 '-으리-', '-겠-'으로 대체할 수 있다.

(214)

- 主人아 내 니일 오경 두에 일 <u>갈 거시니</u> (노걸상:20)
  → 主人아 내 니일 오경 두에 일 <u>가리니(가겠으니)</u>
- 우리는 부모 되여 잇는 ᄆᆞᄋᆞᆷ을 다ᄒᆞ여 ᄂᆞᆷ의게 뼈디디 <u>말
  ᄡᅥ시라</u> (노걸하:38)
  → 우리는 부모 되여 잇는 ᄆᆞᄋᆞᆷ을 다ᄒᆞ여 ᄂᆞᆷ의게 뼈디디
  <u>말으리라.</u>
- 風俗의 勸홈을 <u>삼을 거시니</u> (경민중:23)
  → 風俗의 勸홈을 <u>삼으리니(삼겠으니)</u>

다음은 '의지'의 양태적 의미로 쓰이고 있는 '-ㄹ 것이-' 구성의 예
문이다.

(215)

- 우리 밧고아 온 ᄡᆞᆯ에셔 너를 서 되를 노닐워 <u>줄 ᄡᅥ시니</u>

(노걸상:49)

- ᄌᆞ식이 어버이 향ᄒᆞ여 ᄒᆞᄂᆞᆫ도리 뎌러틋 <u>홀 거시리오</u> (계축
상:3)

- 나ᄂᆞᆫ 내 법으로 <u>홀 거시니</u> 다시 니ᄅᆞ디말나 ᄒᆞ니 (계축
상:12)

- 새로 옥ᄉᆞ를 <u>일울 거시니</u> ᄒᆞᆫ 아기시를 위ᄒᆞ오샤 (계축
하:20)

- 발ᄒᆞ여 만히 사디 못ᄒᆞᄂᆞ니 <u>조심홀 거시니라</u> (벽온:17)

2. '것'의 기능 변화

2.1. '것'의 기능 변화

매인이름씨 '것'은 이름씨의 특성이 강해서 토씨와의 결합 제약이 심하지 않아 여러 월성분으로 기능하였다. 이러한 '것'의 쓰임이 15~17세기에 걸쳐 조금씩 변화하고 있는데, '석보상절(15세기)', '순천김씨간찰(16세기)', '노걸대언해(17세기)', '박통사언해(17세기)'를 통해 살펴보겠다.

다음은 15세기 '석보상절'에 나타나는 '것'의 통어론적 구성의 유형들이다.

(가) 선행 요소

ㄱ. 매김법 : -ㄴ

(216)
- 香과 맛과 모매 <u>범그는</u> 것과 法과이 됴ᄒ며 (석보13:38)
- 얼굴 <u>잇ᄂ</u> 것과 얼굴 <u>업슨</u> 것과 有想과 (석보19:2)
- 尼師檀ᄋᆫ <u>앉ᄂ</u> 거시라 (석보6:30)

ㄴ. 매김법 : -ㄹ

(217)

- 이 다 부톄 니르샤딕 자본이리 無常ᄒ야 므를 몯미들 거시니 (석보6:11)

- 내 일후믈 귀예 흔 번 드러도 病이 업고 世間애 ᄠᆞᆯ 거시 ᄀᆞ즈며 (석보9:7)

(나) 후행 요소

ㄱ. 자리토씨 : -이, -올/을

(218)

- 그 말쓰미 工巧코 微妙ᄒ야 오으로 섯근 거시 업서 (석보 13:28)

- 耳根이 그어긔 本來ㅅ 相이 흔가질씨 허루미 업스며 섯근 거시 업스니 (석보 19:16)

- 쏘 長常 므거본 거슬 지여 길흘 조차 ᄃᆞ니다가 (석보9:16)

- 迦葉이 弟子들 ᄃᆞ리고 부텨 供養ᄒᆞᄆᆞᆲ 거슬 그 城 안해 次第로

  비러 가지고 (석보23:42)

ㄴ. 도움토씨 : -도, -만, -은/은

(219)

- 舍利弗이 金剛力士를 지서내야 金剛杵로 머리셔 견지니

그 뫼히 흔 것도 업시 믈어디거늘 (석보6:31)

- 凡夫ㅣ 妄量으로 자바 實흔 것만 너겨 (석보13:38)
- 製法이라 흔 <u>거슨</u> 이런 相과…이런 本末 究竟들히라.(석보 13:41)

ㄷ. -이(라)

(220)

- 湏達이 설우슥바 恭敬ᄒᆞᆸᄂᆞᆫ 法이 이러흔 <u>거시로다</u> (석보 6:21)
- 太子ㅅ 法은 거즛마를 아니ᄒᆞ시ᄂᆞᆫ <u>거시니</u> (석보6:24)
- 이 다 부톄 니ᄅᆞ샤ᄃᆡ 자본이리 無常ᄒᆞ야 므믈 몯미듫 <u>거시니</u> (석보6:11)

이상과 같이 15세기의 '것'은 선행 요소에 '-ㄴ'과 '-ㄹ'이 모두 쓰일 수 있으나, 상대적으로 '-ㄴ'이 쓰인 예가 많다. 이는 매김법 씨끝 '-ㄹ'과 결합하는 '것'이 상대적으로 적음을 의미한다. 후행 요소와의 결합 관계도 '-이, -을'과 같은 자리토씨와 '-도, -은, -만' 등의 일부 도움토씨 그리고 '-이(라)'와 결합하는 경우가 일반적이었다. 이를 고려할 때 이 시기 '것'의 통어론적 구조는 다음과 같이 나타낼 수 있다.

- [-ㄴ/ㄹ] - [것] - 토씨, -이(라)

이에 비해 16세기에는 '것'의 성격에 변화의 모습이 보이기 시작한다. 이러한 변화는 구어적인 성격이 강한 문헌에서 뚜렷이 나타나는데, 다음은 '순천김씨간찰'에 쓰인 '것'의 예이다.

(가) 선행 요소

ㄱ. 매김법 : -ㄴ

(221)
- 민셔방은 혼 것도 몯 히여 주노라 (순천김씨17:9)
- 닙고 바슨 거시 업스니라 (순천김씨16:11)
- 그 어린 것 봐쓰나 (순천김씨40:14)

ㄴ. 매김법 : -ㄹ

(222)
- 내게 드릴 것 업고 그저 온 농애 드러시니 (순천김씨18:1)
- 다시 도닐 사르미 이실 거시오 (순천김씨20:26)
- 다만 즈식드릴 쟈기면 그리 히여 볼 거시라 (순천김씨 24:4)
- 머글 거슬 아조 업시 이시니 (순천김씨109:1)

(나) 후행 요소

ㄱ. 자리토씨 : -이, -을/을

(223)

- 나도 홀 <u>거시</u> 업서시매 (순천김씨12:7)
- 닙고 바손 <u>거시</u> 업스니라 (순천김씨16:11)
- 내 지금 두터온 져구리룰 업서 그 열온 <u>거술</u> 니버 (순천김씨17:6)
- 나도 갓다가 복기리 우는 <u>거술</u> 두고 오니 (순천김씨12:2)

ㄴ. 도움토씨 : -은/은, -도, -만, -곳

(224)

- 반믈 든 굴근 <u>거손</u> 덩 뿔 거시니 (순천김씨13:22)
- 주식둑릐 니블 <u>거손</u> 늘그니 (순천김씨12:7)
- 주식둘 니필 <u>것도</u> 나흔 거시 잇사 보내랴 (순천김씨9:6)
- 내 니블 <u>것도</u> 몯 히여 니브니 (순천김씨15:13)
- 요스이 한 나룰 일이릭 망녕읫 <u>것만</u> 너기고(순천김씨109:8)
- 하 뿔 <u>것곳</u> 업거든 가져다가 쓰고 편지 흐소 (순천김씨20:15)

ㄷ. 토씨 생략형

(225)

- 그 어린 <u>것</u> 봐쓰나 (순천김씨40:14)
- 뿔 거손 면디 믈 다듬고 느즌 <u>것</u> 쪄그나 (순천김씨66:13)

- 녀르미는 반차니 하 업스니 자실 <u>것</u> 업더니 (순천김씨 57:8)
- 민셔방 제 할마님 싱이레 쓸 <u>것</u> 보내라 (순천김씨61:7)

ㄹ. -이(라)

(226)
- 반믈 든 굴근 거슨 덩 뿔 <u>거시니</u> (순천김씨13:22)
- 보기옷 미처 오면 나도 갈 <u>거시오</u> (순천김씨72:11)
- 나 죽게 되니 벼스리 귀티 아닌 <u>거시로다</u> (순천김씨111:4)
- 혼자는 몯 이실 <u>거시오</u> (순천김씨115:6)

ㅁ. 접사 : -ᄒ다, -돌

(227)
- 젓 몯 쓸 것 <u>ᄒ면</u> 노ᄒ여 ᄒ시리라 (순천김씨8:5)
- 슈명이는…계오 히여 가고 녀느 <u>것돌</u> 자내나 도도니 (순천김씨48:4)
- ᄂ믜 <u>것돌</u> 그릴 것갓 (순천김씨65:12)

16세기 구어 문헌의 '것' 가운데 중요한 변화는 선행 요소에서 '-ㄹ'의 쓰임이 많아진 점, 후행 요소에서 도움토씨의 분포가 늘어난 점 그리고 토씨의 생략형이 많아지거나 접사가 붙어 새로운 형태로 쓰인 점 등이라고 할 수 있다. 이러한 쓰임새는 '것'의 문법 범주에 변화가 일어나기 시작한 것으로 풀이할 수 있다. '-ㄹ' 결합형이 많아진 것은 텍스트의 성격이나 때매김법의 체계와 관련될 것으로 보이나 후행 요소의 다양화는 '-ㄴ/ㄹ 것'의 구조가 점차 융합될 가능성을 갖는 것으로 풀이할 수 있다. 왜냐하면 토씨는 임자씨에 붙어 자리를 표시하거나 뜻을 돕는 역할을 하는데, 토씨가 자유롭게 붙는다는 것은 앞의 요소를 한 단위로 인식할 가능성이 높기 때문이다.[31] 이를 고려할 때 16세기 이후 '-ㄴ/ㄹ 것'이 재구조화될 가능성을 제기할 수 있다. 이러한 경향은 17세기에 이르러 더 확연해진다. 다음은 17세기의 대표적인 구어 문헌인 '박통사언해'와 '노걸대언해'에 쓰인 '것'이다.

(가) 선행 요소

ㄱ. 매김법 : -ㄴ

(228)

- 두 舍人의 <u>비온</u> 거시 風風流流ᄒ고 (박통상:28)
- 언머 猛虎 毒虫의 <u>보채ᄂ</u> 거슬 만나며 (박통하:3)
- 아춤의 <u>므른</u> 것 먹으니 (노걸상:56)
- 아히의 <u>먹ᄂ</u> 것 <u>닙ᄂ</u> 거시 다 이 어린 놈의 쳔이라 (노걸

---

31) 이뿐만 아니라 '것'의 성격 변화는 어휘 형성 과정에서도 나타난다. 다음은 15세기와 16세기 문헌에 나타나는 '것'의 합성법이다.

15세기(석보상절)	16세기(순천김씨간찰)
귓것, 내것, 부 것	것, 숩것, 겹것, 아모것, 든것

이 표에서 확인할 수 있듯이, 15세기에 비해 16세기는 '것'의 합성법이 활발해졌다. 이는 '것'이 문법화 또는 어휘소의 일부로 작용할 수 있음을 의미한다.

하:44)

ㄴ. 매김법 : -ㄹ

(229)

- 쏘 므슴 밥 ᄒᆞ여 <u>먹을</u> 것 잇ᄂᆞᆨ (박통중:30)
- 슬갑에 믈읫 <u>ᄡᆞᆯ</u> 거슬 다 날ᄃᆞ려 니ᄅᆞ라 (박통상:43)
- 셔울 <u>머글</u> 거시 노든가 흔튼가 (노걸상:8)
- 벗들히 ᄒᆞ다가 어려온 제 ᄡᅳᆯ 것 업슨 적의 내 쳔을 앗기디
  말고 (노 걸하:42)

(나) 후행 요소

ㄱ. 자리토씨 : -이, -을/을

(230)

- 셔울도 아므란 買賣ㅣ 홀 <u>거시</u> (박통상:48)
- 四面에 녠 <u>거시</u> 비취를 신 듯 ᄒᆞ야 (박통상:60)
- 둘째는 樓中엣 <u>거슬</u> 알고 (박통하:20)
- ᄡᅳᆫ <u>거시</u> ᄯᅩ 얼믜여 ᄯᅩ 됴티 아니ᄒᆞ니 (노걸하:56)
- 밥 먹글 제는 입에 먹검즉흔 <u>거슬</u> 굴ᄒᆞ여 먹더라 (노걸
  하:48)

ㄴ. 도움토씨 : -은/은, -도

(231)

- 됴흔 거슨 쳔티 아니ᄒ고 쳔흔 거슨 됴티 아니ᄒ니라 (박통상:14)
- 아모 것도 던ᄋ디 말고 (박통중:50)
- 황회 ᄀ장 됴흔 거슨 도로혀 ᄑ디 못ᄒ고 (노걸하:60)
- 몸애 니블 것도 업스며 입에 먹을 것도 업스니 (노걸하:50)

ㄷ. 토씨 생략형

(232)

- 밍근 혈거피 ᄀᄐᆫ 것 우리 각각 用心ᄒ야 氣力을 잇긋ᄒ야 ᄡᄌᆞ (박통상:49)
- 趙寶兒ㅣ 이제 돈 ᄡᆯ 것 입스믈 위ᄒ여 (박통상:54)
- 뭀집의 잡은 것 믈 드리라 가쟈 (박통중:3)
- 우리 뎌긔ᄂᆫ 됴흔 것 구즌 것 모ᄅ고 (노걸하:60)
- 너희 둘히 ᄲᆞᆯ리 니러 자븐 것 서러 저 짐 시르라 (노걸상:53)
- 아춤의 ᄆᆞᆯ 것 먹으니 (노걸상:56)

ㄹ. -이(라)

(233)

- 使臣이 이 站에 자디 아니ᄒᆞᆯ 거시니 (박통중:7)

- 徐五의 집의셔 혼 <u>거시라</u> (박통중:25)
- 비 오면 곳 픠고 ᄇᆞ람 블면 여름 여ᄂᆞᆫ <u>거시여</u> (박통상:36)
- 금독 은독이 안팟끠 솔 업슨 <u>거시여</u> (박통상:36)
- ᄒᆞᆫ 디위 마가 든닐 <u>거시니</u> (노걸하:21)
- 반은 아교칠혼 <u>거시라</u> (노걸하:30)

ㅁ. 접사 : -들

(234)

- 쉰 것 ᄃᆞᆫ 것 비린 것 누린 <u>것들</u>을 먹디 말고 (박통상:50)
- 이젼의 ᄡᅳ고 뎌ᄀᆞᆫ <u>것들</u> 다 혜기를 明白히 ᄒᆞ쟈 (노걸하:60)

17세기 '것'의 통어론적 구조에서 두드러진 점은 '-이(라)'에 '-여'가 결합하여 빈번히 쓰인 점이라고 할 수 있다. 특히 '-거시여(것-이어)'가 감탄형으로 빈번히 쓰인 점은 이 시기에 이르러 '것'의 통어론적 구조가 바뀌어 갈 가능성을 더 높여준다.[32]. 일반적인 경우는 아니지만, '박통사언해'의 경우 '거시여'가 관용 표현처럼 빈번히 나타나는 점은 주목할 만하다. 이를 고려할 때 17세기 '것'의 통어론적 구조는 다음과 같이 재구조화되고 있음을 알 수 있다.

---

32) 현대국어에서 '[-을] 것 [을]'이 줄어든 '[-을걸]'이 가벼운 반박이나 감탄, 또는 뉘우침을 나타내는 종결어미로 쓰이게 된 과정도 이러한 가능성에서 비롯된 것으로 볼 수 있다. 〈표준국어대사전〉에서는 '-을걸'을 종결어미로만 처리하고 있으나, 실제로 '갈걸 그랬지?'와 같이 연결어미처럼 쓰일 수도 있으므로, 재구조화된 '-을걸'은 '것'의 문법화 과정을 잘 보여준다.

15세기	16세기	17세기
[-ㄴ/ㄹ] 것+ 후행 요소	[-ㄴ/ㄹ 것]+후행 요소	[[-ㄴ/ㄹ것]-후행요소]

이러한 재구조화 과정을 통하여 문법 형태소가 형성될 가능성을 찾아볼 수 있다. 비록 후대에 나타나는 예이지만, '-을걸'은 '[[[-을] 것]을]]'의 재구조화를 통하여 형성된 씨끝이다.

이처럼 '것'과 후행요소와의 재구조화 과정에서 다양한 씨끝이 형성될 가능성을 제기할 수 있다.

2.2. '것'의 기능 변화 요인

16세기 이후 17세기에 이르러 '것'이 재구조화되거나 융합되어 새로운 문법 형태소를 형성할 수 있는 이유는 무엇 때문일까? 이에 대한 해답은 여러 가지 차원에서 규명해야 할 것으로 보인다.

먼저, '것'의 이름씨 특성의 약화 때문이라고 볼 수 있다. '것'은 15세기까지만 해도 이름씨의 특성이 강한 매인이름씨로서 기능하였으나, 16세기 이후부터는 이름씨의 특성이 상당 부분 약화되고 있다. 이름씨의 특성이 약화되었다는 것은 '것'이 앞의 선행어와의 통합관계가 긴밀해질 것임을 예측할 수 있고, 구조가 재구조화되며, 의미적으로 추상화될 것임을 알 수 있다. 즉, 문법화가 진행될 가능성이 커졌다는 것이다. 이렇게 이름씨의 특성이 약화된 것은 '-이(라)'와의 결합이 많아지면서부터라고 볼 수 있다. '것'은 '-이(라)'와 결합하면서 이름씨의 특성이 약화되고, 서술적 기능을 하게 된다. '-이(라)'는 본래 서술적인 성격을 지니고 있어서, 선행어와 긴밀하게 결합하여 서술하는 기능을 한다.

'것'의 이름씨적인 특성 약화와 관련하여 전정례(1995)를 보면, '-오-'의 소멸과 매인이름씨의 상관성에 대해 설명하고 있다. '-오-'는 명사구 내포문을 구성하는 내포 선어말 어미로서, 관형화, 명사화 구성에서 필수적으로 나타난다. 관형화 구성 중 의존명사 구문의 '-오-' 소멸을 보면 15세기에는 보편성 의존명사 앞에서만 '-오-'가 규칙적으로 나타나고, 부사성, 서술성 의존 명사 앞에서는 '-오-'가 불규칙하게 나타난다. 그런데 16세기 이후에는 보편성 의존명사 앞까지 '-오-'가 소멸된 모습으로 나타난다.

(235)
- 져믄 비홀 사르미 모로매 몸져 호욜 배라 (번소6:8)
  졈어서 비홀 이 맛당히 몬져 홀 배니라 (소학5:8)
- 이 내이 키 아첟논 배니 (번소6:13)
  이 내의 크게 아쳐하는 배니 (소학5:11)
- 무슴 소니론 양 호리오 (번노상:42)
  또 즐겨 므슴 손인 양 호리오 (노언상:38)
- 우리 너희를 자디 몯게 호논 주리 나니라 (번노상:47)
  내 너희를 재디 아니려 호는 줄이 아니라 (노언상:43)

보편성 의존명사 '것'에 대해서도 설명하고 있는데, 위의 예에서 제시했듯이 토씨 '-은, -이, -을, -도' 등과 통합한 '것'은 15세기에 '-오-'의 선접이 필수적이었다. 그러나 '-이(라)'와 통합한 '것'은 '-오-'가 선접되기도 하고, '-오-'가 선접되지 않기도 하였다. 이러한 '것이

(라)' 구조는 16세기 이후 '-오-'의 소멸로 이 형식들에 대한 구분이 없어지게 되었다. '것'은 보편성 명사로서 명사성이 강하여 '-오-'의 선접이 필수적이었으나, '것'이 '-이(라)'와 통합할 때는 앞의 관형절보다는 뒤의 '-이(라)'와 긴밀하게 통합함으로써 서술적 기능을 나타내어 '-오-'가 선접하지 않게 되며 '것이다'라는 표현법으로 발달하게 되었다는 것이다.

다음으로, '것'의 사용 확대가 '것'의 기능 변화의 원인이라고 볼 수 있다. '것'의 사용은 15세기부터 있어 왔지만, 16세기 이후로 올수록 더 많이 사용되고 있다. 사용의 빈도수가 높을수록 문법화될 가능성은 커진다. 이숭녕(1975)에 의하면 '것'은 구어(口語)로서 서민층에서 사용되었던 것이 차츰 세력을 뻗어간 것으로서 16세기에 들어 용례가 많아지며 일종의 서법적 표현으로 크게 발달하기 시작하였다고 하였다.

마지막으로, 문체상의 차이가 '것'의 기능 변화의 원인이라고 볼 수 있다. 16세기부터 크게 발달한 '것(이다)'는 기존의 매인이름씨 구성인 '디라'의 사용에 위축을 가져오게 된다. 둘은 같은 기능을 하였는데, 언어 형식이 공존할 때 둘 사이의 충돌과 변화는 예측할 수 있으며, 그 중 어느 하나가 위축을 당하게 되는 것이다. 전정례(1995)를 보면 '디'가 격식적이고, 문어체적인 성격을 갖는다면, '것'은 비격식적이고 구어체적인 성격을 갖는 것으로 인식된다라고 하여 이러한 문체상의 차이가 언어 변화의 원인이 됨을 설명하고 있다.[33] 앞에서

---

33) ㄱ. 머물워 두디 마롤 디니라 (번소8:22)
　　　머믈오디 아닐 거시며 (소학5:101)
　　ㄴ. 사르미…여서보미 아니 홀 디라 (번소8:23)
　　　사룸의…여서보디 아닐 거시며 (소학5:101)

도 설명하였듯이 '것'의 사용은 16세기 이후 용례가 많아진다. 이것은 언중들이 '것'을 많이 사용하였다는 것을 의미한다. 일반 언중들은 언어 사용의 경제성 면에서, 말하기 쉽고 편한 언어를 사용하기 마련이다. 그 결과 딱딱하고, 격식을 갖춰야하는 문체보다는 친근하고, 격식이 덜한 문체를 사용하였다고 볼 수 있다.

3. '것'의 문법화

'것'이 어떻게 변화가 되는지 문법화의 기제를 적용하여 살펴볼 수 있는데 앞 절에서 '것'의 통어론적 구성의 변화를 통해 재구조화의 가능성을 언급하였고, 여기에서는 '것'이 문법화가 더 진행되면 융합이 일어나는데, 융합의 기제가 어떻게 적용되는지 살펴볼 것이다.[34)]

3.1. 문법화의 기제

문법화란 일반적으로 '어휘적인 요소가 덜 어휘적인 요소로 변화하는 과정'을 의미하는 것으로 많은 학자들은 정의하고 있다.[35)] 문법화의 기제로는 '은유, 재구조화, 융합' 등이 있다.

'은유'는 문법화의 초기 단계에서 나타나는 기제이다. 문법화의 정의에서 '의미'는 구체적인 것에서 추상적으로 전이된다고 하였다. 여

---

34) 최대희(2002)에서 문법화(grammaticalization)에 대해 '구체적인 의미를 가지고 문장 안에서 자립적으로 쓰이던 어휘형태가 본래의 의미와 멀어지고 문법기능을 수행하는 문법형태로 바뀐 것'뿐만 아니라 '덜 문법적인 기능을 하던 것에서 더 문법적인 기능을 하는 것으로 바뀌는 것'까지 포함한 광의적인 개념으로 사용하고 있다. 여기에서도 광의적인 개념으로 사용한다.

35) 학자들의 견해를 살펴보면, 다음과 같다.
　① 유창돈(1962) : 어떤 실사가 타 어사 밑에 연결되며, 선행 어사의 영향 아래 들어갈 때 본뜻이 희박해지거나 소실되며, 선행 어사의 기능부인 허사로 변하는 현상.
　② 정재영(1996) : ㉠ 어휘적 의미를 가지고 있던 실사류가 문법적 의미를 가지는 문법 형태로 바뀌는 통시적 변화.
　　　　　　　　　㉡ 통사적 구성의 통합 구조체가 형태론적 구성으로 변화한 것.
　③ 안주호(1996) : ㉠ 어휘소에서 문법소로 (자립 형태가 문법적 형태소로 전환).
　　　　　　　　　㉡ 덜 문법적인 기능을 하던 것이 더 문법적인 기능을 하는 것으로 바뀌는 것(결과의 산물이 아니라 그 과정 전체를 일컫는 개념).
　④ 최형용(1997) : 통사적 현상이 아니던 것이 통사적 현상으로 변한 것. 어휘적 형태소가 문법적 형태소로 변한 것.
　⑤ 고영진(1997) : ㉠ (좁은의미) 문법 범주를 형성하는 경우에 국한하여 내용어가 굴절어미 혹은 격조사로 되는 것.
　　　　　　　　　㉡ (넓은의미) 내용어가 기능어로 되는 모든 경우

기에서 추상적으로 의미를 전이시키는 역할을 하는 기제가 은유이다. 문법화가 진행되는 동안 '의미'는 대체로 '구체적인 것'에서 '추상적인 것'으로, '물리적인 것'에서 '심리적인 것'으로 '객관적인 것'에서 '주관적인 것'으로 변하는 경향이 있다.[36]

문법화의 기제에서 '재구조화'란 형태론적 구성이나 통어론적 구성에서 둘 이상의 구성 요소가 결합할 때 이들을 하나의 언어 단위로 인식하는 것이라고 정의할 수 있다. 즉 재구조화란 바로 기존의 구조가 아닌 다른 구조로 파악하려는 것을 말한다.[37] Hopper(1993)에서 'be going to -V'의 예를 들어 재구조화를 설명하고 있는데, 영어에서 처음에는 목적성의 구절로 쓰였던 'be going to -V'가 미래 시제 표지인 'gonna'로 되는 과정 중에 '재구조화'의 기제가 작용했다는 것이다. 처음에는 [진행형 - 방향성의 동사 - 목적성 절]의 구조였던 것이 일반적으로 쓰이게 되면서 구조를 재조정하게 되었다. 이것은 2단계와 같은 [시제 - [행동동사]]로 재구조화된다.

- 1단계   [be going [to visit Bill]]
- 2단계   [[be going to]   visit Bill]]

---

36) Heine(1991a,b)에서는 다음과 같이 의미의 방향성을 설명하였다. [사람〉물체〉행위〉공간〉시간〉질]이라는 것이다. 예를 들어 공간을 표시하는 behind나 back은 원래 신체부위 명칭에서 나온 것이다. 즉 [물체〉공간]의 전이가 이용되었다. 이성하(1998)에서는 이러한 전이를 우리말 '뒤'를 가지고 설명하고 있다.
　ㄱ. 그 사람 뒤에 흙이 묻었다. [인체]
　ㄴ. 그 건물 뒤에 주차장이 넓다. [공간]
　ㄷ. 한 시간 뒤에 만나자. [시간]
　ㄹ. 나는 수학에서 많이 뒤진다. [질]
37) 전정례(1994, 2000)에서 '-오듸'의 형성 과정을 재구조화의 과정을 통해 설명하였다. [[- 오- + -ㄴ/-ㄹ] + 듸]의 통사적 구성에서 [-오- + -ㄴ/-ㄹ + 듸]의 형태적 구성으로 바뀌는 과정에서 통합소 '-ㄴ, -ㄹ'이 빠진 '-오듸'가 형성되었다고 설명하고 있다.

여기에서 'go'가 가지고 있는 '공간의 방향성'의 의미가 '시간의 방향성'이라는 것으로 다의화되어 '미래의 의미'로 확장되고, 여기에 목적성의 'to'가 결합되어 2단계와 같은 시제 표지가 된 것이다. 재구조화를 통해 경계의 약화가 이루어지며, '-ㄴ/ㄹ'과 '것' 사이에 긴밀성이 생겨 통어론적 구성이 형태론적 구성으로 인식되게 된다.

재구조화가 적용된 후 문법화가 더 진전되면 융합이 일어나 통어론적 구성이 형태론적 구성으로 된다. 이 융합은 재구조화에 의해 경계가 재설정된 선, 후행 요소들이 함께 녹아 붙어 더 이상 본래의 통어론적 구성으로 복원할 수 없는 경우를 뜻한다. 따라서 의미도 새롭게 파생된다.

3.2. '것'의 융합 현상

'것'의 기능 변화는 통어론적 구성이 형태론적 구성으로 변화해 가는 과정에서 나타나는 '재구조화'와 이 과정에서 새로운 기능을 획득하게 되는 융합 과정으로 설명할 수 있다.

앞 절에서 논의한 바와 같이 통어론적 구성의 '것'이 형태론적 구성으로 재구조화되는 과정은 16세기 이후 17세기에 활발히 나타난다. 이러한 현상은 '것' 이외의 다른 매인 이름씨 구문에서도 유사한 경향을 보인다. 전정례(1991), 정재영(1996)에서는 'ᄃ'의 문법화 과정에 대해 설명한 바 있다. 전정례(1991)의 문법화 과정은 다음과 같이 나타낼 수 있다.

- [-오 ㄴ/ㄹ] [ᄃ -ㅣ] 〉 [-온/올] [디] 〉 [-온/올디] 〉 [-오디]

이와 함께 정재영(1996)에서는 다음과 같이 '드'의 여러 형태에 대해 설명한 바 있다.

	명사구 보문 구성	통합형 어미
주격	[[[-ㄴ,ㄹ] # 두]+ㅣ]	
대격	[[[-ㄴ,ㄹ] # 두]+ 올]	-ㄴ돌
처격	[[[-ㄴ,ㄹ] # 두]+ 의]	-ㄴ듸
		-ㄴ딘
		-관듸
		-란듸
주제표지	[[[-ㄴ] # 두]+ 온]	-ㄴ든
계사	[[[-ㄴ,ㄹ] # 두]+ 이-]	-ㄴ뎌

선행 연구의 결과 매인이름씨 구문에서 이음법 씨끝이나 마침법 씨끝이 형성되어 가는 과정에는 재구조화, 생략, 융합 등의 현상이 자연스럽게 일어날 수 있다. 특히 전정례(1991)의 논의와 같이 매김법 씨끝이 생략되면서 이음법 씨끝이 형성되는 과정은 문법 변화의 한 흐름이라고 할 수 있다. 이 점은 다음의 예문에서도 확인된다.

(236) -돌

　ㄱ. 그럴씨 이 體ᄂᆞᆫ 本來 數 업슨 돌 아롫디니라 (석보 19:11)

　ㄴ. 내 너희돌홀 ᄀᆞ장 恭敬ᄒᆞ야 업시오돌 아니ᄒᆞ노니 (석보 19:29)

(237) -든(-아든/-여든/-나든)

　ㄱ. 湏達이 ᄯᅩ 무로ᄃᆡ 婚姻 위ᄒᆞ야 아ᅀᆞ미 오나든 이바도려 ᄒᆞ노닛가 (석보6:16)

帝釋의 알핏 軍이 몬져힛 光을 펴아 阿修羅이 누늘 쏘
아 몯 보게 ㅎ야든 阿修羅ㅣ 소느로 히롤 ㄱ리와든 日
蝕ㅎᄂ니라 (석보13:10)

ㄴ. 舍利弗이 다시 술보듸 世尊하 願ᄒᆞᆫᄃᆞᆫ 니르쇼셔 願ᄒᆞᆫᄃᆞᆫ
니르쇼셔 (석보13:44)

世尊하 願ᄒᆞᆫᄃᆞᆫ 듣줍고져 ㅎ노이다 (석보13:47)

(236)의 '-ㄴ/ㄹ 둘'은 매인이름씨 '드' + 토씨 '올'이 합쳐진 것으
로, (236ㄱ)의 '업슨 둘'처럼 매김법씨끝이 드러나는 경우도 있으나,
(236ㄴ)의 '업시오-(ㄴ) 둘'처럼 'ㄴ'이 생략된 형태가 나타나면서 융
합되기 시작하였다. '-오듸' 구문도 마찬가지인데, '-오+ㄴ/ㄹ 듸'가
'-오듸'로 굳어진 것이라고 볼 수 있다. (237)의 '-든'의 경우도 '-둘'
과 마찬가지로 분석할 수 있다. (237ㄱ)의 '-나든'은 '오다'라는 움직
씨 다음에만 오는 특이 형태소이며, '-야든'은 'ᄒᆞ-' 다음의 변이음이
고, (237ㄴ)의 'ㄴ든'은 '願ᄒᆞ-ㄴ 든'의 구조가 융합되어 이음법 씨끝
으로 쓰인 경우이다. ㄴ이 먼저 발생하고 ㄱ과 같은 융합형이 나타났
다고 볼 수 있다. 15세기에는 '-ㄴ+든'이 'ㄴ든' 또는 '-∅든'으로 융
합되어 이음법 씨끝화된 상태였다고 볼 수 있다. 이 두 예에서 '-둘'
의 선행 요소인 매김법 씨끝은 생략되는 경우가 많다. 특히 '-든'은
생략형이 일반화되면서 기능이 전혀 다른 씨끝으로 변화하였다.

이 점을 고려할 때 '것' 구조에서도 생략이나 융합 가능성을 제기
할 수 있다. 예를 들어 '[[[-ㄴ/ㄹ] 것]을] > [[-ㄴ/ㄹ것]을] > [-ㄴ/ㄹ
걸]', '[[-ㄹ] [[것]이-]]>[[-ㄹ] [게-]]>[-ㄹ게-]' 구조는 재구조화
를 통하여 새로운 씨끝이 형성되는 과정을 보여준다.38)

(238) [[[-ㄴ] 것]을]>[[-ㄴ것]을]>[-ㄴ걸]

　　ㄱ. 그 아이는 아직 [[[어린애인] 것]을 모르느냐?

　　ㄴ. 그 아이는 아직 [[어린앤 것]을] 모르느냐?

　　ㄷ. 그 아이는 아직 [어린앤걸].

(239) [[[-ㄹ] 것]을]>[[-ㄹ것]을]>[-ㄹ걸]

　　ㄱ. 철수는 미리 밥을 [[[먹을] 것]을] 생각했다.

　　ㄴ. (화자) 밥을 미리 [[먹을 것]을] 그랬나.

　　ㄷ. (화자) 밥을 미리 [먹을걸].

(240) [[-ㄹ] [[것]이-]]>[[-ㄹ] [게-]]>[-ㄹ게-]

　　ㄱ. 철수는 밥을 [[먹을] [[것]이에요]].

　　ㄴ. 철수는 밥을 [[먹을] [게요]]

　　ㄷ. (*철수는/나는) 밥을 [먹을게요].

　　위의 예문 '-ㄴ걸'과 '-ㄹ걸' '-ㄹ게'의 재구조화 과정에서도 생략
이나 음변화가 일어난다. 이처럼 생략이나 음변화가 수반될 경우 융
합 현상이 발생하여 기존의 문법 요소와는 전혀 다른 기능을 획득하

---

38) 〈표준국어대사전〉에서 '-ㄴ(은)걸', '-ㄹ(을)걸', '-ㄹ(을)게'의 의미를 확인해 보면, **'-ㄴ(은)걸'**은 ① (구어
체로) 해할 자리나 혼잣말에 쓰여, 현재의 사실이 이미 알고 있는 바나 기대와는 다른 것임을 나타내는 종
결 어미. 가벼운 반박이나 감탄의 뜻을 나타낸다. 지나간 일에 대한 후회가 드러난다. ② (구어체로) 해할
자리나 혼잣말에 쓰여, 현재의 사실이 이미 알고 있는 바나 기대와는 다른 것임을 나타내는 종결 어미. 가
벼운 반박이나 감탄의 뜻을 나타낸다. **'-ㄹ(을)걸'**은 ① (구어체로) 해할 자리나 혼잣말에 쓰여, 화자의 추
측이 상대편이 이미 알고 있는 바나 기대와는 다른 것임을 나타내는 종결 어미. 가벼운 반박이나 감탄의
뜻을 나타낸다.② (구어체로) 혼잣말에 쓰여, 그렇게 했으면 좋았을 것이나 하지 않은 어떤 일에 대해 가
벼운 뉘우침이나 아쉬움을 나타내는 종결 어미. **'-ㄹ(을)게'**는 (구어체로) 해할 자리에 쓰여, 어떤 행동을
할 것을 약속하는 뜻을 나타내는 종결 어미.

게 된다. (238ㄱ)은 '것'에 부림자리토씨 '-을'이 붙어 있는 형으로 여기에서 '것'은 매인이름씨로서 기능하고 있으나, (238ㄷ)은 '것'이 선·후행요소와 융합하여 현재의 사실이 이미 알고 있는 바나 기대와는 다른 것임을 나타내는 맺음씨끝으로 기능하고 있다. (238ㄷ)으로 문법화가 된 경우에는 (238ㄱ)이 '어린이라는 사실'의 의미를 가지기 때문에 원래의 형태로 환원될 수 없다. 이러한 융합이 발생하기 전에 '것' 구조는 (238ㄴ)처럼 재구조화의 과정을 거치게 된다. 매인이름씨 '것'은 항상 매김법 '-ㄴ/ㄹ'과 선접해 있기 때문에 언중들은 '-ㄴ/ㄹ# 것'을 하나의 구조로 파악하려는 심리가 재구조화로 이어진다고 볼 수 있다. (239ㄱ)의 '것'도 (238ㄱ)처럼 매인이름씨로 기능하고 있고, (239ㄷ)은 임자말(화자)인 '내'가 그렇게 했으면 좋았을 것이나 하지 않은 어떤 일에 대해 가벼운 뉘우침이나 아쉬움을 나타내는 맺음씨끝으로 기능하고 있다. 이럴 경우 (239ㄱ)은 임자말의 제약이 없으므로 (239ㄷ)의 '-을걸' 형태를 '-을 것을' 형태로 환원할 수는 없다. 마지막으로 (240)의 경우는 (238), (239)과 차이가 있는데, (238~239)은 토씨 '-을'과 나중에 결합되지만, (240)은 '것'이 '-이(다)'와 먼저 결합하고 있다. (238~239)에서 '것'은 토씨와 결합하여 이름씨로서의 성격이 강하기 때문에 선행요소와 먼저 결합하나, (240)은 '것'이 '-이다'와 결합하여 풀이씨의 성격이 더 강해지기 때문에 먼저 결합한다고 볼 수 있다. (240ㄱ)은 추측의 양태적 의미를 가진 '것' 구조로서 기능하고 있으나, (240ㄷ)은 화자의 의도나 약속의 의미를 가진 맺음씨끝으로 기능하고 있다. 그래서 (240ㄷ)은 (240ㄱ)으로 환원될 수 없다.

이상의 설명을 정리해 보면, '것'의 문법화는 통어론적 구성이 형태론적 구성으로 변화해 가는 과정에서 나타나는 '재구조화'와 이 과정에서 새로운 기능을 획득하게 되는 융합 과정으로 설명할 수 있음을 확인하였다.

4. 정리

이 장에서는 17세기의 '-ㄴ/ㄹ 것' 구조가 통어론적 구성으로 인식되는 경우와 형태론적 구성으로 인식되는 경우를 살펴보았고, '-ㄴ/ㄹ 것' 구조의 변화가 '것'의 문법 변화와 관련이 있을 것이라는 추정 아래, '것'이 어떻게 변화되는지 문법화의 기제를 적용하여 살펴보았다.

먼저, 17세기에는 '[-ㄴ/ㄹ] + 매인이름씨 [것]'의 구조가 두 가지의 모습으로 나타나고 있다. 하나는 통어론적 구성으로 인식되는 구조이고, 다른 하나는 통어론적 구성이지만 형태론적 구성으로 인식되는 구조이다. 전자는 '-ㄴ/ㄹ + 것'의 구조에서 '것'이 이름씨와 같은 기능을 함으로써 통어론적 구성으로 인식되는 매김마디 구조이고, 후자는 '-ㄴ/ㄹ + 것'의 구조에서 서로 이웃하고 있는 '-ㄴ/ㄹ'과 '것' 사이에 긴밀한 통합관계가 이루어져 그 결과 결합관계로 인식되고 있는 이름마디 구조와 둘 사이에 더 긴밀한 통합관계가 이루어져 양태적 기능을 하는 '-ㄴ/ㄹ + 것이-'의 구조이다.

다음으로, '것'은 16세기에 이르러 선·후행 요소와의 결합 양상이 15세기와는 조금씩 다르게 변화하기 시작한다. 선행요소의 결합 양상과 후행요소의 결합의 다양화는 '-ㄴ/ㄹ 것'의 구조가 점차 재구조화될 가능성을 갖는 것으로 풀이할 수 있다. 이러한 선·후행 요소와의 결합 양상이 17세기에 이르러 더 확연해진다. 이처럼 '것'과 후행요소와의 재구조화 과정에서 다양한 씨끝이 형성될 가능성을 제기할 수 있다. '것'의 기능 변화의 요인은 첫째, '것'의 이름씨적인 특성의 약화를 들 수 있다. 이름씨의 특성이 약화된다는 것은 '것'이 앞의 선행어와 통합관계가 긴밀해지고, 구조가 재구조화되며, 의미적으로 추상화됨을 뜻한다. 둘째, '것'의 사용 빈도수 확대를 들 수 있다. '것'은 입말로서 서민층에서 사용되었던 것이 차츰 세력을 뻗어간 것으로서 16세기 이후에 그 용례가 많아지고 있다. 언중들의 언어 사용이 확대되고 있는 것이다. 사용의 빈도수가 높을수록 그만큼 문법화될 확률이 커진다. 셋째, 문체상의 차이를 들 수 있다. '것'의 사용 빈도가 많아질수록 일반 언중들은 언어 사용의 경제성 면에서, 말하기 쉽고, 편한 언어를 사용하기 마련이다. 그 결과 딱딱하고, 격식을 갖춰야하는 문체보다는 친근하고, 격식이 덜한 문체를 사용하였다고 볼 수 있다.

마지막으로, 매인이름씨 '드'의 문법화 과정을 통해 '-ㄴ/ㄹ 것' 구조가 재구조화되고 융합될 가능성을 제기하였다. '-을걸', '-게', '-ㄹ거다'의 문법화 과정을 예로 들어 설명하였는데, '-을걸'과 '-ㄹ게' '-ㄹ거다'의 재구조화 과정에서도 '드'의 문법화에서와 마찬가지로 생략이나 음변화가 일어났다. 이처럼 생략이나 음변화가 수반될 경우 융합 현상이 발생하여 기존의 문법 요소와는 전혀 다른 의미나 기능을 획득하게 됨을 확인하였다.

이름마디 구조의 변화의 모습을 보면, '-음, -기'의 형태론적 구성 > '-ㄴ/ㄹ 것'의 통어론적 구성 > '-을걸, -을게'와 같은 형태론적 구성으로 변화되고 있다. 문법화의 방향성에서 "어제의 통어론은 오늘의 형태론"이라는 명제가 통용되는데, '-ㄴ/ㄹ 것 이름마디'의 구조의 출현은 문법 변화의 역방향을 의미한다. 이처럼 역방향의 문법 변화가 일어난 요인은 '-음, -기'의 기능 불투명에 따른 것으로, '-음, -기'의 대용 표현으로서의 통어론적 구성이 출현하였다고 설명할 수 있을 것이다. 이렇게 통어론적 구성을 유지하던 '-ㄴ/ㄹ 것'은 다시 형태론적 구성으로 변화하는데, 결국 '것'은 통어론적 구성에서 재구조화와 융합의 과정을 거쳐 다시 형태론적 구성으로 진행될 것임을 확인할 수 있었다.

제**5**장

나가기

이 책은 17세기 국어의 이름마디의 형태·통어론적인 특질을 밝힘으로써 이름마디의 변화 과정을 규명하는 것을 목적으로 하였다. 내용을 정리하면 다음과 같다.

2장에서는 17세기의 이름마디는 '-기 이름마디'가 활성화됨으로써 '[풀이말2-ㅁ/기] 풀이말1'의 분포가 현대국어에 준하는 체계를 갖춘다. 이를 검증하기 위해, 17세기 이름마디의 형태·통어·의미론적 제약관계를 살펴보았다. 먼저, 형태론적 특징은 '-ㅁ 이름마디'와 '-기 이름마디'의 문법범주 제약을 통해 확인하였는데, 두 유형의 이름마디는 문법 범주의 제약 정도가 유사하였다. 둘 다 때매김법과 높임법의 안맺음씨끝을 앞세우며, 굴곡가지로서의 역할을 잘 수행하고 있었다. 이를 통해, 17세기에 이르러 현대국어에 준하는 이름법 체계가 확립되었음을 알 수 있었다.

다음으로, 17세기 '-ㅁ 이름마디'와 '-기 이름마디'의 기능(통어론적 제약)을 확인하였다. 확인한 결과, 두 유형의 이름마디는 모든 월 성분으로 기능하였다. 이를 통해 '-ㅁ 이름마디'와 '-기 이름마디'는 이름마디로서의 기능 수행을 잘 하고 있음을 파악할 수 있었다. 즉, '-ㅁ'과 '-기'를 중심으로 한 이름마디의 체계가 17세기에 완결되었음을 보여주는 결과이다. 이와 함께 '-기 이름마디'의 분포를 확인한 결과, '-기 이름마디'가 매우 광범위하게 쓰이고 있었다. 이것은 '-기 이름마디'가 활성화된 시기가 17세기임을 보여주는 것이다.

마지막으로, 의미론적 차원에서는 안은마디 풀이말(풀이말1)과 안긴마디의 풀이말(풀이말2)간의 씨범주 제약관계를 파악하였다. 임자말로 기능하는 경우는 '-ㅁ 이름마디'와 '-기 이름마디'의 제약관계가 비슷하게 나타나는데, 풀이말1은 그림씨가 많고, 풀이말2는 움직씨가 많았다. 부림말로 기능하는 경우는 '-ㅁ 이름마디'보다 '-기 이름마디'가 더 제약을 받았다. '-ㅁ 이름마디'는 풀이말2에 움직씨와 그림씨가 제약 없이 오는데, '-기 이름마디'는 풀이말2에 움직씨는 제약 없이 오나, 그림씨는 매우 제한적으로 나타났다. '-기 이름마디'에서 풀이말2에 올 수 있는 그림씨가 매우 제한적인 까닭은 풀이말1의 대상이 되는 부림말이 동작성 풀이말에 한정될 가능성을 의미한다. 곧 풀이말2에 상태나 느낌의 풀이말이 올 경우 '-기'가 제약되는 것은 '-기'의 의미자질이 [-상태, -느낌]과 관련이 있기 때문일 것이다

3장에서는 17세기 이름마디 체계가 형성되는 과정을 '-오-'의 소멸 과정을 통해 살펴보았다.

17세기 이름마디의 두드러진 특징은 '-옴'과 '-음'의 분포이다. 이

는 '-오-'의 소멸 과정과 밀접한 관계가 있다. 전정례(1991)에서는 '-오-'를 이른바 '명사구 내포문 표지'로 설정한 바 있다. 이 점에서 '-오-'의 소멸로 인한 '-옴, -음' 이름마디 구성의 약화는 이름마디 구조에서 '-ㅁ 이름마디'의 위축, '-기 이름마디'의 활성화, '이름마디 구조의 다른 구조로의 대체' 등의 여러 변화를 가져오게 된다. 즉, '-오-'의 소멸은 이름마디 체계의 변화를 가져오게 되는데, 이러한 변화의 과정을 통해 이름마디 체계가 형성되어 온 것이다.

'-오-'의 소멸에 따른 '-ㅁ 이름마디'의 위축은 '-기 이름마디'의 활성화에 영향을 미치게 된다. '-기 이름마디'는 15세기부터 있었으나 미비하였고, 16세기부터 본격적으로 이름법으로 기능하기 시작하는데, 17세기에는 그 세력을 많이 확장시키고 있다. '-기'가 굴곡의 가지로 기능이 확대되면서, '-ㅁ'과의 충돌은 불가피하게 되었고, 결국 굴곡의 가지로서의 '-기'는 '-ㅁ'의 범위를 침범하게 되고, 그 결과 '-ㅁ 이름마디'는 위축이 된다고 볼 수 있다.

'-오-'의 소멸에 따른 '-ㅁ 이름마디'의 위축은 형태론적 구성으로 나타나던 이름마디를 통어론적 구성으로 변화시키기도 하고, 어찌말이나 이름씨로 대체하기도 한다. 전자는, 형태론적 구성의 기능이 불완전할 경우 통어론적 구성으로 변별력을 강화하는 것이 문법 변화의 한 원리인데, 이름마디 구조도 형태론적 구성의 불완전성을 해소하기 위해 통어론적 구성으로 변화를 하게 되었다고 볼 수 있다. 후자는 '-오-'가 소멸되는 과정에서 '-옴, -음' 구성의 약화와 '-기'의 활성화에서 비롯되는 과정에서 특별한 장치로 해석할 수 있을 것이다.

4장에서는 17세기의 '-ㄴ/ㄹ 것' 구조가 통어론적 구성으로 인식되는 경우와 형태론적 구성으로 인식되는 경우를 살펴보았고, '-ㄴ/ㄹ 것' 구조의 변화가 '것'의 문법 변화와 관련이 있을 것이라는 추정 아래, '것'이 어떻게 변화되는지 문법화의 기제를 적용하여 살펴보았다.

먼저, 17세기에는 '[-ㄴ/ㄹ] + 매인이름씨 [것]'의 구조가 두 가지의 모습으로 나타나고 있다. 하나는 통어론적 구성으로 인식되는 구조이고, 다른 하나는 통어론적 구성이지만 형태론적 구성으로 인식되는 구조이다. 전자는 '-ㄴ/ㄹ + 것'의 구조에서 '것'이 이름씨와 같은 기능을 함으로써 통어론적 구성으로 인식되는 매김마디 구조이고, 후자는 '-ㄴ/ㄹ + 것'의 구조에서 서로 이웃하고 있는 '-ㄴ/ㄹ'과 '것' 사이에 긴밀한 통합관계가 이루어져 그 결과 결합관계로 인식되고 있는 이름마디 구조와 둘 사이에 더 긴밀한 통합관계가 이루어져 양태적 기능을 하는 '-ㄴ/ㄹ + 것이-'의 구조이다.

다음으로, '것'은 16세기에 이르러 선·후행 요소와의 결합 양상이 15세기와는 조금씩 다르게 변화하기 시작한다. 선행요소의 결합 양상과 후행요소의 결합의 다양화는 '-ㄴ/ㄹ 것'의 구조가 점차 재구조화될 가능성을 갖는 것으로 풀이할 수 있다. 이러한 선·후행 요소와의 결합 양상이 17세기에 이르러 더 확연해진다. 이처럼 '것'과 후행요소와의 재구조화 과정에서 다양한 씨끝이 형성될 가능성을 제기할 수 있다. '것'의 기능 변화의 요인은 첫째, '것'의 이름씨적인 특성의 약화를 들 수 있다. 이름씨의 특성이 약화된다는 것은 '것'이 앞의 선행어와 통합관계가 긴밀해지고, 구조가 재구조화되며, 의미적으로 추상화됨을 뜻한다. 둘째, '것'의 사용 빈도수 확대를 들 수 있다. '것'은 입말로서 서민층에서 사용되었던 것이 차츰 세력을 뻗어간 것으로서

16세기 이후에 그 용례가 많아지고 있다. 언중들의 언어 사용이 확대되고 있는 것이다. 사용의 빈도수가 높을수록 그만큼 문법화될 확률이 커진다. 셋째, 문체상의 차이를 들 수 있다. '것'의 사용빈도가 많아질수록 일반 언중들은 언어 사용의 경제성 면에서, 말하기 쉽고, 편한 언어를 사용하기 마련이다. 그 결과 딱딱하고, 격식을 갖춰야하는 문체보다는 친근하고, 격식이 덜한 문체를 사용하였다고 볼 수 있다.

마지막으로, 매인이름씨 '드'의 문법화 과정을 통해 '-ㄴ/ㄹ 것' 구조가 재구조화되고 융합될 가능성을 제기하였다. '-을걸', '-게', '-ㄹ거다'의 문법화 과정을 예로 들어 설명하였는데, '-을걸'과 '-ㄹ게' '-ㄹ거다'의 재구조화 과정에서도 '드'의 문법화에서와 마찬가지로 생략이나 음변화가 일어났다. 이처럼 생략이나 음변화가 수반될 경우 융합 현상이 발생하여 기존의 문법 요소와는 전혀 다른 의미나 기능을 획득하게 됨을 확인하였다.

이름마디 구조의 변화의 모습을 보면, '-음, -기'의 형태론적 구성 > '-ㄴ/ㄹ 것'의 통어론적 구성 > '-을걸, -을게'와 같은 형태론적 구성으로 변화되고 있다. 문법화의 방향성에서 "어제의 통어론은 오늘의 형태론"이라는 명제가 통용되는데, '-ㄴ/ㄹ 것 이름마디'의 구조의 출현은 문법 변화의 역방향을 의미한다. 이처럼 역방향의 문법 변화가 일어난 요인은 '-음, -기'의 기능 불투명에 따른 것으로, '-음, -기'의 대용 표현으로서의 통어론적 구성이 출현하였다고 설명할 수 있을 것이다. 이렇게 통어론적 구성을 유지하던 '-ㄴ/ㄹ 것'은 다시 형태론적 구성으로 변화하는데, 결국 '것'은 통어론적 구성에서 재구조화와 융합의 과정을 거쳐 다시 형태론적 구성으로 진행될 것임을 확인할 수 있었다.

참고문헌

고영근(1970), 「현대국어의 준자립 형식에 대한 연구」, 어학연구6-1.
고영근·남 기심(1985), 『표준 국어 문법론』, 탑출판사.
_____(1997), 『표준 중세국어 문법론』, 집문당.
_____(1989), 『국어 형태론 연구』, 서울대학교 출판부.
고영진(1995), 「국어 풀이씨의 문법화 과정에 관한 연구 - 통사론적 구성에서
　　　형태론적 구성으로」, 연세대학교 박사학위 논문.
_____(1997), 『한국어의 문법화 과정』, 국학자료원.
고창운(1991), 「'-겠-'과 '-ㄹ 것이-' 의 용법」, 건국어문학 제15~16집
권영환(1993), 「도움풀이씨의 문법화」, 부산한글12, 한글학회 부산지회.
_____(1996), 「매인이름씨 구성의 씨끝되기에 대하여」, 우리말연구6, 우리말
　　　연구회.
권재일(1981), 「현대국어의 {기}-명사화 내포문 연구」, 한글171, 한글학회.
_____(1982), 「현대국어의 {음}-명사화 내포문 연구」, 한국어문논집2, 한국 사
　　　회 사업 대학교 한국어문연구소.
_____(1986), 「형태론적 구성으로 인식되는 복합문 구성에 대하여」, 국어학
　　　15. 국어학회.
_____(1987), 「의존구문의 역사성 - 통사론에서 형태론으로」, 말12, 연세대학교.
_____(1988), 「문법 변화와 문법화」, 방언학과 국어학, 태학사.
_____(1989), 「문법범주 실현 방법의 역사성」, 건국어문학13·14, 건국대학교.
_____(1992), 『한국어 통사론』. 민음사.
_____(1995), 「20세기 초기 국어의 명사화 구문 연구」, 한글229, 한글학회.
_____(1998), 『한국어 문법사』, 박이정.
김문웅(1975), 「국어의 허사형성에 관한 연구」, 경북대학교 석사학위논문.
김방한(1957), 「국어 주격 접미사 '이'고」, 「논문집」 4, 서울대학교.
_____(1988), 『역사-비교언어학』, 민음사.
김병건(2001), 「17세기 국어의 이름마디 연구」, 건국대학교 국어국문학과 석사
　　　학위논문

김석득(1983), 『우리말 연구사』, 정음문화사.

_____ (1992), 『우리말 형태론』, 탑출판사.

김승곤(1986), 『한국어 통사론』, 아세아 문화사.

_____(2003), 『현대표준말본』, 한국문화사.

김영희(1988), 『한국어 통사론의 모색』, 탑출판사.

김용경(2002), 「문법화의 단계성에 대한 고찰」, 한글256, 한글학회.

김인택(1991), 「이름마디의 특성에 대하여」, 국어국문학28, 부산대 국어국문학과.

_____(1992), 「이름마디의 통어적 특질」, 한글218, 한글학회.

김일환(2005a), 「명사형 어미 '-기'의 특이성」, 한국어학28, 한국어학회

_____(2005b), 「국어 명사형 어미의 계량적 연구」, 고려대학교 박사학위논문.

김주원(1984), 「통사 변화의 한 양상」, 언어학 7, 한국언어학회.

김현정(1997), 「국어 명사의 문법화 과정 연구 - 어미화 과정을 중심으로」, 건국대학교 국어국문학과 석사학위논문.

남기심(1996), 『국어 문법의 탐구 Ⅱ』, 태학사.

민현식(1990), 『국어연구 어디까지 왔나-명사화』, 동아출판사.

배진영(2005), 「국어 관형절 어미에 관한연구-시간관련 의미를 중심으로-」, 홍익대학교 국어국문과 박사학위 논문.

서은아(1997), 「현대국어 풀이씨의 이름법 연구」, 건국대학교 국어국문학과 박사학위논문.

_____(1999), 「15·16세기 국어의 풀이씨 이름법 '-ㅁ, -기 연구」, 건국어문학 23·24, 건국대학교 국어국문학과.

_____(2000), 「17·18세기 국어의 풀이씨 이름법 '-ㅁ, -기 연구」, 겨레어문학 25, 겨레어문학회.

_____(2001), 「풀이씨 이름법 씨끝 '-ㅁ, -기의 변화 양상」, 한말연구10, 한말연구학회.

서정수(1978), 「'ㄹ 것'에 관하여」, 국어학6, 국어학회.

_____(1991), 『한국어 문법 연구의 개관』, 한국문화사.

서태룡(1979), 「내포와 접속」, 국어학8, 국어학회.

_____(1980), 「동명사와 후치사 '은', '을'이 기저어미」, 진단학보50, 진단학회.

손주일(1996), 「15세기 국어 '-ㄴ,-ㄹ' 관형사형과 '±{-오/우-}'와의 관련성」, 강원인문논총3, 강원대학교.

_____(2002), 『중세국어 선어말어미: '-오/우-' : 연구』, 강원대학교 출판부

송창선(1990), 「명사화소 '-(으)ㅁ, -기'의 통사 특성」, 국어교육연구22, 경북대학교 사범대학 국어 교육 연구회.

신선경(1993), 「'것이다' 구문에 관하여」, 국어학23, 국어학회.

신현숙(1982), 「관형형 어미의 의미분석(/-은-/, /-는 /, /-던 /, /-을 /)」, 상명대논문집10, 상명대학교.

심재기(1980), 「명사화의 의미기능」, 언어5-1, 한국언어학회.

안병희·이광호(1990), 『중세국어문법론』, 학연사.

안주호(1997), 『국어 명사의 문법화 현상 연구』, 한국문화사.

안효팔(1983), 「허사화 연구」, 경남대학교 국어국문학과 석사학위논문.

양정호(2005), 「명사형어미 체계의 변화에 대하여」, 어문연구33, 어문연구학회.

우형식(1987), 「명사화소 '-(으)ㅁ, -기'의 분포와 의미기능」, 말12, 연세대학교 언어교육연구원.

유창돈(1962), 「허사화 고구」, 인문과학7, 연세대학교 인문과학연구소.

_____(1987), 『이조어 사전』, 연세대학교.

유현경(2009), 「관형사형 어미 '-을'에 대한 연구-시제 의미가 없는 경우를 중심으로」, 어문학104, 어문학회.

이광호(1996), 『명사화소 '-기'의 의미 기능과 그 기원에 대한 소고』, 이기문교수 정년퇴임기념논총.

이기갑(1993), 「한국어의 문법화」, 언어와 문화8, 목포대학교 어학연구소.

이남순(1988), 「명사화소 '-ㅁ'과 '-기'의 교체, 홍익어문7, 홍익대학교 홍익어문연구회.

이병모(1995), 「현대국어 의존 명사의 형태론적 연구」, 경상대학교 박사학위논문.

이상욱(2004), 「'-음', '-기' 명사형의 단어화에 대한 연구」, 국어연구173, 서울대 국어국문학과.

이성하(1998), 『문법화의 이해』, 한국문화사.

이숭녕(1961), 『중세국어문법론』, 을유문화사.

_____(1961), 『국어조어론고』, 을유문화사.

_____(1975), 「중세국어 것의 연구」, 진단학보39, 진단학회.

이승욱(1989), 「중세어의 '-(으)ㅁ', '-기' 구성 동명사의 사적 특성」, 이정정연찬선생회갑기념논총.

이익섭·임홍빈(1983), 『국어문법론』, 학연사.

이주행(1988), 『한국어 의존명사의 통시적 연구』, 한샘.

이지양(1998), 「문법화」, 문법 연구와 자료, 태학사.

이필영(1990), 『국어 연구 어디까지 왔나-관계화』, 동아출판사.

_____(1998), 「국어의 인지 표현에 관한 연구 - 관형 구성의 불확실성 표현을

중심으로-」, 한국어교육9-2, 국제한국어교육학회.

이현규(1975), 「명사형 어미 '-(으)ㅁ, -기'의 사적고찰」, 한국사회사업대학논문집 5호.

이현규(1984), 「명사형 어미 '-기'의 변화」, 유창균박사 환갑기념 논문집.

이현희(1989), 「국어 문법사 연구 30년(1959~1989)」, 국어학 19, 국어학회.

_____(1990), 『국어 연구 어디까지 왔나-보문화』, 동아출판사.

_____(1991), 『중세국어 명사문의 성격, 국어학의 새로운 인식과 전개(김완진 선생 회갑기념논총)』, 민음사.

임홍빈(1974), 「명사화의 의미 특성에 대하여」, 국어학2, 국어학회.

전정례(1991), 「중세국어 명사구 내포문에서의 '-오-'의 기능과 변천」, 서울대학교 언어학과 박사학위 논문.

_____(1994), 「'-오듸' 구문 연구」, 국어교육85·86, 한국 국어교육 연구회.

_____(1995), 『새로운 '-오-' 연구』, 한국문화사.

_____(2000), 「'-온듸/-올듸>-오듸' 연구」, 한말연구6, 한말연구학회.

_____(2005), 『언어변화이론』, 박이정.

_____(2010), 『새로운 국어사 연구론-선어말어미'-오-'연구론』, 경진.

정수현(2006), 「'노걸대'에 나타난 명사구 내포문의 변화」, 건국대학교 석사학위논문.

정재영(1996), 『의존명사 '두'의 문법화』, 태학사.

_____(1997), 「명사의 문법화」, 규장각20, 서울대학교 규장각.

조오현(1984), 「조동사 '지다'의 연구;생성, 태, 의미, 구문구조를 중심으로」, 건국대 석사학위논문.

_____(1991), 『국어의 이유구문 연구』, 한신 문화사.

채 완(1979), 「명사화소 '-기'에 대하여」, 국어학8, 국어학회.

최남희(1993), 「국어 이름법의 통시적 고찰」, 동의어문논집6, 동의대학교.

최대희(2002), 「국어 풀이씨의 문법화 과정 연구」, 건국대학교 석사학위논문.

_____(2010a), 『새로운 국어사 연구론-17세기 국어의 '-ㄴ/ㄹ＋것-'구조 연구』, 경진.

_____(2010b), 「17세기 이름마디 구조 형성 과정」, 한말연구26. 한말연구학회

최재희·윤평현(1983), 「국어 명사화 접미 형태소 '-음', '-기'의 특성에 대한 연구」, 인문과학연구5, 조선대학교.

최형용(1997), 「문법화의 한 양상에 대하여」, 관악어문연구22, 서울대학교.

최현배(1978), 『우리말본』, 정음사.

허 웅(1975), 『우리 옛말본』, 샘문화사.

_____(1983), 『국어학』, 샘문화사.

_____(1987), 『국어 때매김법의 변천사』, 샘문화사.

_____(1989), 『16세기 우리 옛말본』, 샘문화사.

_____(1995), 『20세기 우리말의 형태론』, 샘문화사.

_____(1999), 『20세기 우리말의 통어론』, 샘문화사.

허원욱(1991), 「15세기 국어의 이름마디와 매김마디 연구」, 건국대학교 박사학
위논문.

_____(1993), 『15세기 국어 통어론』, 샘문화사.

_____(2004a), 『16세기 통어론』, 신성출판사.

_____(2004b), 「17세기 '-기' 이름마디의 통어적 연구-이름말로 기능」, 한말연
구15, 한말연구학회.

_____(2005), 「17세기 국어 매김마디의 통어론적 연구」, 한말연구17, 한말연구
학회.

_____(2009), 「17세기 '-기' 이름마디의 통어적 연구-부림말로 기능」, 한말연
구24, 한말연구학회.

허재영(1997), 「우리말 문법화 연구의 흐름」, 한말연구3, 한말연구학회.

_____(2008), 『국어의 변화와 국어사 탐색』, 소통.

호정은(1999), 「개화기 국어의 명사화 연구-독립신문 전산자료를 중심으로」,
인문학연구2, 경희대학교.

홍사만(2006), 「국어 의존 명사 {것}의 사적연구」, 어문론총, 한국문학언어학회.

홍윤표·송기중·정광·송철의(1995), 『17세기 국어사전』, 한국정신문화연구원.

홍종선(1983a), 「명사화 어미의 변천」, 국어국문학89, 국어국문학회.

_____(1983b), 「명사화 어미 '-ㅁ'과 '-기'」 언어8-2, 한국언어학회.

_____(1997), 『국어의 시대별 변천 연구-근대 국어 문법』, 국립국어연구원.

국립국어연구원(1999), 표준국어대사전.

Bybee외(1994), 『The Evolution of Grmmar : Tense, Aspect, and Modality in the
Languages of the World』, Chicago university Press.

Heine외(1991), 『Grammaticalization』, Chicago Universitry Press.

Hopper외(1993), 『Grammaticalization』, Cambridge University Press.

최대희 ─────

건국대학교 국어국문학과 졸업
건국대학교 대학원 국어국문학과 석·박사 졸업
건국대학교 강사
강남대학교 강사
송담대학 강사

「17세기 국어의 '-ㄴ/ㄹ 것' 구조 연구」
「17세기 이름마디 체계 형성 과정 연구」
「17세기 국어의 매김마디 구조 형성 과정」 등

*17세기 국어*의
이름마디 구조
'오'의 소멸과
이름마디 체계의 형성

초판인쇄 | 2011년 11월 4일
초판발행 | 2011년 11월 4일

지 은 이 | 최대희
펴 낸 이 | 채종준
펴 낸 곳 | 한국학술정보㈜
주   소 | 경기도 파주시 문발동 파주출판문화정보산업단지 513-5
전   화 | 031) 908-3181(대표)
팩   스 | 031) 908-3189
홈페이지 | http://ebook.kstudy.com
E-mail | 출판사업부 publish@kstudy.com
등   록 | 제일산-115호(2000. 6. 19)

ISBN   978-89-268-2759-8 93710 (Paper Book)
         978-89-268-2760-4 98710 (e-Book)

 은 시대와 시대의 지식을 이어 갑니다.